KB040921

Shanghai
#Onthetable

[상하이, 온더테이블]

Shanghai
#Onthetable

초판 1쇄 인쇄 _ 2019년 2월 15일
초판 1쇄 발행 _ 2019년 2월 20일

지은이 _ 이도연

펴낸곳 _ 바이북스
펴낸이 _ 윤옥초
책임 편집 _ 김태윤
책임 디자인 _ 이민영

ISBN _ 979-11-5877-079-2 03910

등록 _ 2005. 7. 12 | 제 313-2005-000148호

서울시 영등포구 선유로49길 23 아이에스비즈타워2차 1005호
편집 02)333-0812 | 마케팅 02)333-9918 | 팩스 02)333-9960
이메일 postmaster@bybooks.co.kr
홈페이지 www.bybooks.co.kr

책값은 뒤표지에 있습니다.

책으로 아름다운 세상을 만듭니다. ― 바이북스

Shanghai
#Onthetable

[상하이, 온더테이블]

이도연 지음

바이북스
ByBooks

'모험'이라는 것은 생각보다 단순했다.

누군가에게 모험은 사파리모자를 쓰고, 인간의 흔적이 없는 자연 속에서 야생 동물을 벗삼아 자신의 키보다 높은 열대우림을 헤쳐나가는 것일 수도 있겠지만, 나에게 모험은 그저 '조금 더 부지런하게 움직이는 것', 그뿐이었다.

중국이라는 이름 아래 억울한 누명을 쓰고 있는 보석 같은 도시 상하이. 2016년 8월, 무더운 여름이 끝나갈 무렵 별 고민 없이, 별 생각 없이 나는 이곳에 왔다. 당시 대학교 4학년의 처음이자 마지막 학기를 앞두고 있던 나에게 그날의 상하이행은 '대학 생활의 종지부를 찍기 위한 여행'이었다고 거창하게 표현할 수도 있겠지만, 생각보다 나는 단순하다. 상하이로 떠나는 비행기 안에서 생각한 그 후로의 6개월은 그저 8년간의 미국 유학 생활을 마치고 집으로 돌아가기 전 거쳐야 하는 '적응기'였을 뿐.

Shanghai
#Onthetable

영화에서 보면 주인공은 누가 봐도 위험하고 무모한 도전에 아무것도 모른다는 표정을 지으며 발을 내민다. 그리고 그 위태로운 선택은 두 시간짜리 영화의 서막이 된다. 대학에서의 마지막 학기를 가족도, 친구도 한 명 없는 도시에서 중국어 전공 교환학생으로 보낸다는 것. 어쩌면, 이 생활의 시작부터가 모험이었는지도 모르겠다. 나에게는 특별한 초능력과 무기도 없을 뿐더러, 나의 모험은 목숨을 걸어야 할 만큼 위험하지도 그리고 무모하지도 않았지만, 이렇게 시작되었다.

편견 속의 상하이는 희뿌연 매연, 혹은 비위생적인 시설, 불친절한 사람들로 가득한 곳이다. 모험이라는 단어와 어쩌면 꽤나 어울릴 만한 배경이라고 생각되지만, 안타깝게도 상하이는 편견 속의 위험하고 더러운 도시가 아닌 것을⋯. 유럽을 연상시키는 예쁜 거리, 커피와 디저트가 맛있는 작은 카페, 핫한 편집샵, 화려한 루프탑 바, 삶의 여유를 되찾을 수 있는 미술관, 상하이 사람들의 식문화를 그대로 느낄 수 있는 재래시장과 쿠킹 클래스 등 상하이에는 우리가 상상하지 못한 것들이 존재한다.

방과 후면 침대에 누워 드라마를 보고 주말이면 늦잠을 자는 평범한 생활을 양보하고, 상상치도 못했던 보석들이 숨겨진 곳을 찾아 떠난 나의 하루하루. 부지런함을 무기 삼아 떠난 나의 모험은 화려하지도 특별하지도 않은 일상 그 자체였지만, 행복이었고 사랑이었다.

매일 똑같은 일상에 지쳐 당장이라도 여행을 떠나고 싶은 모두에게 나의 소박하지만 행복했던 일상의 기록이 많은 영감과 도전의식을 불러일으켜 주기를 바라며⋯.

C o n t e n t s

징안(静安) | 신티엔디(新天地)

우쟈오창(五角場) | Disneyland

Chapter 1

야경이 멋진
루프탑 바의 도시

낮에도 멋지지만 상하이의 또 다른 진가가 발휘되는 시간은 바로 멋진 야경을 볼 수 있는 밤. 술을 좋아하는 사람이라면 혹은 루프탑을 좋아하는 사람이라면, 틀림없이 사랑에 빠지게 될 도시라고 할 수 있다. 나는 둘 다 해당되기에 이렇게 무한한 애정을 가지고 있는 게 아닌가 싶다.

　상하이 야경이 이렇게나 아름다운 이유는 바로 상하이의 상징적인 랜드마크 동방명주탑 때문일 것. 동방명주탑은 중국의 미디어그룹 동방명주의 방송 수신탑으로 서울의 상징 남산타워와 비슷한 역할을 한다고 보면 되는데, 서울에서 남산이 보이는 루프탑 바 하면 이태원이 생각나듯, 상하이에는 강 건너 동방명주탑을 감상할 수 있는 루프탑 바들이 즐비한 와이탄이 있다.

나는 남산타워를 사랑한다. 낮이든 밤이든 파란 하늘에 혹은 어둑한 밤하늘에 반짝이는 남산타워를 보면 행복해진다고나 할까. 남산타워에 올라가 자물쇠를 걸어본 적은 없지만 이상하게 뭐에 씌인 것처럼 남산타워를 좋아한다. 나의 남산타워 사랑이 어느 정도인가 하면, 나의 친한 친구들은 다리를 건너거나 멀리서 남산타워가 보일 때면 나에게 카톡 혹은 인스타 다이렉트 메시지로 남산타워를 찍어 선물이라며 보내줄 정도.

본론으로 돌아와서 야경이 멋진 와이탄에는 멋진 루프탑 바와 레스토랑들이 많은데, 여기서의 꿀팁은 해가 지기 전 오후에 방문하여 중산둥이루(zhongshan East 1stRd.)를 걸으며 1900~1930년대에 고딕, 그리스, 바로크, 르네상스 양식 등으로 지어진 건물들을 구경하다가, 미리 예약해놓은 고급진 레스토랑에 들어가 저녁을 먹은 후, 조명이 켜진 건물들을 다시 한번 구경하고 거닐며 루프탑 바로 이동하는 것. 물론 루프탑 바는 무조건 앉아서 강 너머 동방명주탑과 야경이 보이는 곳으로.

중산둥이루에는 **L'Atelier de Joel Robuchon****, **Jean Georges***, **Mercato** 등 미슐랭 가이드 조명을 받은 레스토랑들과 다양한 고급 레스토랑들이 위치해 있는데 이 중에서도 나의 보물은 바로 Standard Chartered Bank 건물 6층에 위치한 **Mr & Mrs Bund**.

상하이 생활을 시작한 지 두달이 지났을 무렵, 늘 혼자 돌아다니는 나를 안쓰러워했던 친구 두 명이 나의 생일을 맞아 이곳에 놀러와주었다. 그들과 함께 생일 저녁을 먹은 곳도 바로 이곳인 만큼 나에겐 큰 의미가 있는 곳이다.

생일날 이곳을 예약한 이유는 이곳의 기가 막힌 생일 축하 서비스를 잊지 못해서. 첫 방문 때의 일이었다. 식사를 하던 도중, 레스토랑 전체 조명이 꺼지더니, 세상 드라마틱한 생일 축하 음악과 함께 폭죽을 꽂은 샴페인 바틀을 든 서버들이 등장하는 것 아니겠는가. 그들은 생일 주인공이 앉아 있는 테이블로 다가가 생일 축하 메시지가 적힌 디저트를 제공했다.

이 모습은 마치 강남 클럽에서 값비싼 샴페인을 시키면 예쁘고 섹시한 언니들이 줄지어 나와 불꽃 열차를 만드는 모습과도 같았는데, 고급 레스토랑에서 선명하게 펼쳐진 클럽의 광경에 적지 않은 충격을 받은 나는 이 모습이 꽤나 오래도록 기억에 남았다.

'꼭 생일 때 저걸 해봐야지'라며 때마침 놀러 온 친구들을 데리고 간 것.

맛있게 저녁을 먹고, 잔뜩 기대에 부풀어 얼른 디저트를 달라고 재촉한 나는 폭죽을 꽂은 샴페인 행렬을 기대했으나, 얼굴에 미소를 한가득 띤 서버가 생일을 축하한다며 건내준 디저트로 만족해야했다. 디저트 옆에는 요란하게 불꽃을 내며 반짝이는 폭죽이 꽂혀 있었지만 이 마저도 친구들이 나의 사진을 찍어 줄 쯤엔 불꽃이 죽어 빈 폭죽만 남겨져 있었다.

이건 추후 조사를 통해 알게 된 것인데, BYOC(bring your own cake)로 케이크를 사와 인당 추가 30RMB를 지불하면 위와 같은 서비스가 제공된다고 한다(에라이, 좀 더 알아보고 예약할 걸).

Shanghai
#Onthetable

　음식에 대해 이야기하자면, Mr & Mrs Bund의 음식은 웬만한 서울의 파인다이닝 레스토랑 혹은 그 이상의 맛을 기대해도 좋지만, 그 중에서도 나의 추천 메뉴는 다음과 같다: **Foie Gras Light Crumble**과 **Black Cod In The Bag**.

　푸아그라 위에 헤이즐넛 크럼블이 올라간 Foie Gras Light Crumble은 간단한 에피타이저로 함께 나오는 토스트 위에 잼처럼 발라 먹는 요리인데, 푸아그라 무스를 좋아하는 분이라면 이건 무조건이다. 그 어떤 맛!있!는!(강조한 것 맞다. 반드시 맛있는 무스여야 가능하다) 푸아그라 무스를

먹을 때와 같이 입안에서는 천국이 펼쳐질 것. 조리에 사용될 수 있도록 특별 제작된 투명 비닐봉투 속에서 조리된 은대구 요리인 Black Cod In The Bag은 이곳 Paul Pairet 쉐프의 시그니처 메뉴이다. 조리된 은대구가 담겨 있는 투명 봉투를 테이블로 들고 와 밥이 담겨진 플레이트에 봉투 속 소스를 붓고, 은대구를 그 위에 올려주는데 은대구와 소스에 적셔진 밥을 한입 먹으면 그 감칠맛이 정말 예술이다.

지나치게 솔직한 나의 위는 지금 상상하며 이 글을 쓰는 것만으로도 위액을 분비하고 있다. 먹을 준비가 지나치게 되어 있는 거지. 이곳의 분위기 또한 어마어마한데, 창밖으로는 동방명주탑이 반짝이고 있고 특유의 팝하면서도 고급스러운 분위기는 음식의 맛 또한 끌어올린다.

그다음으로 나에게 신선한 충격을 안겨주었던 와이탄의 루프탑 바는 레스토랑 바로 위층에 위치한 **Bar Rouge**. 어두컴컴하고 쾌쾌한 담배연기로 가득한 한국 클럽과 달리, 뻥 뚫린 공간에서 강 건너의 야경을 바라보며 춤을 추고 술을 마시는 이색적인 클럽/라운지 바를 경험할 수 있다. 야외에 위치한 테이블은 주로 중국의 슈퍼리치 아저씨부대가 외국인 비즈니스맨들과 비즈니스 미팅을 하며 장악하고 있는 경우가 대다수인데, 젊고 멋진 상하이안들과 눈이 휘둥그레지는 섹시한 외국인 모델 언니, 오빠들도 많으니 실망하지 않아도 된다.

여기서 Bar Rouge를 제대로 즐기는 꿀팁은 파티가 있는 날에 가야 한다는 것. 클럽은 원래 사람이 바글바글하고, 파티가 열리는 날에 더 재미있듯이, 이곳 또한 대부분의 주말 혹은 금요일에 파티가 열리는데, 규

모가 있는 파티이면 파티일수록 Bar Rouge 측에서 제공하는 퍼포먼스
는 다양하다. 몸에 딱 붙는 반짝반짝 빛나는 메탈수트를 입고 테이블 위
에서 춤을 추는 퍼포먼스, 보면 절로 입이 떡 벌어지는 섹시 다이너마이
트 언니들의 폴댄스 등 야경을 배경으로 화려함의 극치를 달리는 퍼포
먼스 등을 구경할 수 있으니 방문하기 전 꼭 체크를 해보도록 한다.

　이 밖에도 와이탄의 루프탑 바는 훨씬 많다. 상하이 여행을 한 번쯤
다녀온 사람이라면 알 만한 하얏트 온더 번드 호텔의 **VUE Bar**. 하얏

트 호텔에 한국인 투숙객이 많아서 그런지 아니면 야외에 위치한 족욕탕 때문에 유명해진 건지 모르겠지만 짧게 야경을 즐기기엔 이곳도 나쁘지 않다. 또 다른 곳은, 페닌술라 호텔의 **Sir Elly's Terrace**. 나는 아쉽게도 비가 오는 날 방문하여 실내 창가 자리에 앉아서 야경을 구경해야 했지만, 계단으로 이어지는 위층의 테라스 바가 예술이라는 소문을 익히 들어왔다. 아마 구글 이미지 검색만으로도 당신은 상하이 여행 티켓팅을 하고 있을지도 모른다.

Chapter 2

아, 여기 중국이었지?

Shanghai
#Onthetable

프랑스 조계지, 화려한 루프탑 바, 분명 중국에 왔지만 지금까지 그
닥 중국스러운 모습은 없었다. '이럴 거였으면 아예 유럽에 스터디 어브
로드를 갔지' 하며 리얼(real) 중국을 찾아 떠난 하루.

TMI #2   기름이 없으면 차가 움직이질 않듯 나는 눈뜨자마자 아침을
먹어야 하루 시작이 가능한 인간이다. 예전에 <나 혼자 산다> #먹짱 권혁수
편을 보며 엄청 뜨끔했었는데. 나도 하루 중 아침에 가장 식욕이 폭발하는 편.
눈뜨자마자 침대에서 몸을 일으키면, 내 의식의 흐름과는 상관없이 '눈앞에 보
이는 모든 것을 다 입안에 넣어버리겠다'는 몸뚱아리의 반란이 시작되고는 했
다. 아침마다 나를 보며 경악하는 엄마의 모습을 되새기며, 지금은 눈뜨자마자
커피를 마시고 한 발짝 천천히 아침을 시작하고는 한다.

Shanghai
#Onthetable

왜 갑자기 아침 얘기를 시작한 걸까? 이유는 상하이에서 꼭 한번 먹어보고 싶었던 **도원권촌** 때문. 도원권촌은 중국의 대중적인 아침 식사 메뉴를 세련되게 재해석한 프렌차이즈 레스토랑인데, 주메뉴는 중국인의 일반적인 아침 식사 음식인 **또우지앙**(콩물), **요우티아오**(튀김빵), **빠오즈**(만두), 그리고 **판투안**(주먹밥)이 있다. 귀여운 외모를 한 남자주인공들 때문에 몇 번 대만영화를 본 적이 있는데, 주인공들이 아침밥을 먹는 장면에는 꼭 한 번씩 또우지앙과 요우티아오가 등장했다. 그럴 때면, 영화의 스토리 전개와는 상관없이 주인공에 빙의하여 저 음식의 맛을 상상하고는 했다는 건 안 비밀(한 친구가 말하기를 난 뼛속까지 돼지라고).

중국을 제대로 느껴보자고 나온 상쾌한 아침, 이보다 더 나은 시작은 없었다. 드디어 맛보게 된 상상 속 그 음식. 플레인 또우지앙과 여러 가지 옵션들이 있었는데, 나는 주저 없이 요우티아오 조각들과 고추기름, 김가루가 어여쁘게 토핑되어 있는 **센더우지앙**과 베이컨 판투안을 시켰다. 또우지앙은 말 그대로 담백하고 고소한 콩물이었는데, 그 위에 뿌려진 김가루와 고추기름이 자칫 심심할 뻔했던 맛에 감칠맛을 더해주었다. 콩물을 흡수한 **유타오** 또한 부드럽고 맛있었는데, 개인적인 의견으로는 다시 방문하게 된다면 유타오를 따로 하나 시켜 잘게 자른 뒤, 또우지앙 한 스푼 떠서 위에 바로 얹어 바삭한 식감을 살려 먹어볼 것이다. 부드러운 것보다는 바삭한 식감을 훨씬 좋아하는지라, 평소 시리얼을 먹을 때도 바삭함을 살리기 위해 시리얼을 한 번에 다 넣지 않고 나누어 부어 먹는다(시리얼이 우유를 잔뜩 흡수해 흐물흐물해지는 건 정말 최악). 베이컨 판투안에 대해서는 설명을 빼먹었는데, 이건 딱 두 입 베어 먹고 내려놓았다. 시키지 말자.

중국 영화, 드라마에서만 보던 음식을 아침으로 먹으니 뭔가 상하이 로컬이 된 기분이었다. 아 참고로, 도원권촌은 많은 상하이인들의 사랑을 받는 프렌차이즈점인 만큼, 여러 지점이 있기 때문에 그날 가고자 하는 랜드마크 혹은 지역을 정한 뒤 가장 가까운 지점의 위치를 찾으면 되겠다.

든든히 아침을 챙겨 먹었으니, 중국을 체험하러 떠날 곳은 상하이의 명동이라 불리는 **난징루 보행가**. 난징루는 인민광장을 중심으로 동쪽

난싱동루와 서쪽 난징시루로 나누어지는데, 이 기나긴 난징루 전체가 바로 상하이의 최대 번화가라고 볼 수 있다. 물론 상하이에서 최대의 인파를 만날 수 있는 곳이기도 하다. 난징루 보행거리에 들어서자마자 보이는 지오다노 전광판부터 엄청난 규모의 이니스프리 매장까지 명동에 온 거 아닐까라는 착각을 들게 만드는데, 줄줄이 이어진 대형 백화점들과 상점들로 인해 많은 볼거리가 있다. 수많은 인파를 헤치고 내가 난징루 보행가를 종종 방문하는 이유는 단 하나, 바로 난징루를 걷다 보면 등장하는 이름 모를 떡집 때문.

상하이에서 생활하며 여러 번 방문했으나, 이름을 모른다는 것이 나도 당황스럽지만, 인파를 따라 난징루를 걷다 보면 한 건물 1층에 많은 사람들이 떡을 사기 위해 줄을 선 것을 볼 수 있을 것이다. 떡가게라고 표현하기에는 들어설 수 있는 입구가 없고, 테이크아웃 전문점처럼 투명한 유리창을 통해 내부에 있는 아주머니들에게 주문을 하는 형식. 유리창 안쪽에는 한 번도 본 적 없는 여러 종류의 떡이 있는데, 한국에서 한창 유행했던 잉꼬절편과 아주 비슷한 떡이 있다. 더도 말고 주머니에 있는 동전 몇 위안으로 이 떡 하나 사서 당 충전용으로 한 손에 쥐고 나머지 여정을 이어가기에 좋다.

난징시루에서 방향을 조금 틀어 가게 될 다음 행선지는 상하이 **소롱포**의 정점 **가고탕포**. 음식과 와인에 있어서는 내가 그 어떤 파워블로거보다도 신뢰했던 한 친구가 상하이에서 꼭 가보아야 할 곳으로 언급했던 곳으로, 가게 외관에서부터 남다른 포스를 풍기는 곳이다.

아침과 점심시간에는 자리를 기다리는 사람들로 인해 가게 밖 저 멀리까지 줄이 이어져 있으니, 난징루 보행거리 구경 후 애매한 오후 시간 대에 늦은 점심을 먹도록 한다. 총 여덟 가지 **탕바오**(소롱포)를 판매하는데 그중에서도 가장 기본 메뉴인 돼지고기 탕바오와 게살로만 가득 차 있는 탕바오를 추천! 생강 채도 따로 시켜야 하니 잊지 않고 함께 주문하도록 한다.

탕바오는 주문이 들어오는 즉시 빚어서 쪄주는데, 사진은 되도록 후다닥 찍고, 김이 모락모락 날 때에 탕바오를 숟가락 위에 얹고 젓가락으로 얇은 피를 뚫어 숟가락에 고인 육즙과 함께 호호 불어 한입에 먹어야 한다. 하나 먹고 나면 깊고 진한 풍미와 육즙에 지금까지 먹었던 소롱포는 모두 거짓이었다는 걸 알게 될 것이다. 가고탕포 방문 후 한동안 매일 소롱포 생각에 사람 많아 질색하던 인민광장역을 그렇게 갔었더라는….

명색이 중국 체험인데 관광을 또 빼놓을 수가 없다. 한국에 단 한 번도 와본 적이 없는 외국인 친구가 서울에 놀러온다면, 제일 먼저 생각나는 곳이 어딜까? 정답은 인사동(참고로, 나의 주변인들은 알겠지만 나는 전형적인 답정너의 표본이다 ㅋㅋ).

인사동 하면 또 빼놓을 수 없는 공간이 있다. 바로 쌈지길. 바로 그 인사동 쌈지길이 상하이에도 있는데, 이름하여 **티엔즈팡**. 전통적인 느낌 가득한 골목 안에 예술적인 분위기와 상업적인 분위기가 적절히 섞여져 있는, 빨간 벽돌로 지어진 높지 않은 건물들 사이 골목골목에는

예술가의 작업실, 전통 찻집, 옷가게, 기념품샵, 레스토랑 등 다양한 상점들이 줄지어 있고, 위를 올려다보면 싱그러운 초록 식물들을 매달아 놓았다. 볼거리도 많고, 알려진 식당도 꽤 있어 늘 수많은 관광객들로 붐비는 곳이지만, 상하이에 왔으니 안 가볼 수 없지 않은가? 의외로 아기자기하고 귀여운 기념품들에 큰 소비를 하지 않는 나로서는 티엔즈 팡 하면 이곳이지 하는 상점은 없지만, 이 좁은 골목길은 걷는 것만으로도 즐거운 곳임을 장담할 수 있다.

Chapter 3

상하이의
미술관 산책

Shanghai
#Onthetable

TMI #3　　　미술관 덕후. 그게 바로 나다. 국립현대미술관 서울관, 덕수궁관, 서울시립미술관, 예술의 전당, 각종 갤러리 등 재밌는 전시만 한다 하면 무조건 가는 편이다. 미술을 전공하거나 전문적으로 공부한 적은 없지만, 이상하게 작품들을 감상하고 있으면 나도 모르게 마음이 편안해지고 행복하고 그렇다. 그래서인지 주말만 되면 제일 편한 운동화 딱 신고 혼자서 미술관으로 떠나고는 한다. 대학을 다닐 때에 걸어서 10분 거리에 Carnegie Museum of Art가 있었는데, 주말이면 정처 없이 걸어가 작품 앞에서 멍을 때리기도 하고, 그저 산책을 즐기기도 했었다. 아마 주말의 미술관 나들이는 이때부터 생긴 습관 같은 것일지도 모르겠다.

가장 먼저 소개할 곳은, 할렘을 연상시키는 공사 중의 건물들과 삭막한 그래피티로 날 잔뜩 쫄게 한 **모간산루 M50 창의 예술 단지**. 어느 주말, 상하이에 잠깐 머물렀던 친한 언니의 추천으로 모간산루 M50로 향했다. 여느 날과 다름없이 혼자 지하철을 타고 근처 역에 내려서 바이두 맵을 키고 찾아가는데, 곧 깨질 것만 같은 유리창들을 달고 있는 상아색 건물들 그리고 벽에 그려진 무시무시한 그래피티. 여긴 상하이가 아니었다. 할렘이었다. 보기보다 겁이 별로 없는 나조차도 마음의 평화를 얻기 위해 예술 단지를 찾았다가 뜻밖의 위기를 맞이한 것. 발걸음을 평소보다 더 세차게 걸어보았지만, 사실 조금 무서웠다. 몇 분 동안 흔들리는 동공에 힘을 주고 걷다 보니, 하나둘 갤러리가 보이기 시작하고, 창의 예술 단지의 시작을 알리는 M50의 입구에 도착했다.

이곳은 1920~30년대 방직 공장들이 예술 단지로 변신한 곳이라고 하는데, 100여 개의 갤러리와 작업실 및 스튜디오가 단지에 모여 있다. 옛 공장들을 개조시켜 스튜디오 혹은 카페로 재조명한 성수동이 생각나기도 하고. 좀 전의 위기는 깨끗이 잊고, 언제 그랬냐는 듯 신나는 발걸음으로 입구에서부터 찬찬히 모든 갤러리들을 구경했다. 규모는 천차만별인데, 구경할 수 있는 작품들 또한 미디어아트부터 유화, 조각, 앤티크 가구까지 다양하다. 여기는 정말 구석구석 보석 같은 전시 및 작품들이 많아서 시간과 체력만 있다면, 탐험가의 기질을 발휘하여 찬찬히 살펴보는 것을 권하고 싶지만, 단지 입구에 여러 포스터들이 붙어 있으니 현재 진행 중인 전시들이 어떤 것인지 미리 보고 선택해서 구경하는 것도 스마트한 방법.

이곳저곳 구경하다 보면 시간도 꽤 흐르고 허기가 지기 마련. 그러나 끼니 걱정은 하지 않아도 된다. 단지 내에 레스토랑이 몇 군데 있으니 취향에 따라 골라 가면 되기 때문. 나는 꽤 널찍한 퓨전 중국식 레스토랑에 들어가 물만두를 먹었는데, 맛은 한국식 물만두와 비슷하니 무난했다. 예술 단지 내에 있는 레스토랑이라 그런지 인테리어와 분위기 하나는 엄지척이었다. 체력적 한계가 다다랐을 때, 잠시 잠깐 **Undefine** 카페에 들러 쉬는 것도 좋다. 카페와 갤러리를 겸하고 있는데, 성수동 **대림창고**와 비슷한 분위기라고 생각하면 된다. 나중에 알게 된 사실인데, 이 카페는 2015년 중국의 인기 드라마 〈하이생소묵〉에 등장했던 카페라고(제목처럼 다소 생소하지만, 어쨌든 추천).

　야경으로 유명한 와이탄의 한 고즈넉한 골목길에도 아름다운 갤러리가 있다. 바로 설치 미술 전문 갤러리 **Rock Bund Art Museum**. 내가 이 갤러리를 좋아하는 이유는 화려한 대로변 중산둥이루과 달리, 와이탄 작은 골목길의 고즈넉한 분위기를 좋아하기도 하지만, 무엇보다도 갤러리 건물이 너무나도 멋지다. 건물 1층에 리셉션 룸이 있고 전시실은 2층에서 5층까지인데, 전시실 규모가 크지는 않지만 늘 신비로운 설치 미술 전시가 이루어지고 있다. 꼭대기인 6층에는 카페가 있는데, 건물 중심부 천장이 유리로 되어 있어 내리쬐는 햇살 아래서 커피를 마실 수도, 야외 테라스에서 황푸강 경치를 감상할 수도 있다. 설치 미술에 대해 비교적 큰 감흥을 얻지 못하는 나이지만, 이 갤러리는 그냥 건물 자체가 작품이다. 꼭 작품 사진이 아니라, 건축물 자체로도 얼마든지 감성 샷을 찍어낼 수 있는 곳. 전시 관련 정보는 갤러리 홈페이지에서 확인이 가능하다.

다음은, 건물 외관부터 확실한 존재감을 뽐내는 중국현대예술박물관,
중화예술궁. 실제로 규모도 어마어마하게 커서 정말 많은 작품들을 구
경할 수 있는데, 세계적인 예술가들의 작품 전시회도 수시로 있으니, 홈
페이지에서 확인하고 방문하는 것을 추천한다. 나는 아직도 중화예술궁
내부의 한 전시실에서 본 거대한 크기의 천안문광장을 배경으로 마오쩌
둥과 수십 명의 인물이 그려진 작품을 잊지 못한다. 빨간색으로 칠해진
벽 한 면을 가득 매울 크기의 대작이었는데, 중국을 상징하는 빨간 벽과
작품의 색조 그리고 인물들이 하나의 작품으로 승화되어 "중국 만세!"
라고 외치는 듯했다. 아직도 그 작품이 전시되어 있을지는 모르지만, 굉
장한 감동을 전해줄 대작들이 아주 많을 것이다. 아! 49-M층 5전시실
에 있는 〈디지털 청명상하도〉는 중화예술궁 전시의 하이라이트라고 하

니 방문하게 된다면 꼭 감상할 것. 상하이에 위치한 또 하나의 현대 미술관, **MoCA Shanghai**. 규모에서부터 관람객들을 제압하는 중화예술궁과는 달리, MoCA는 아기자기한 특별 전시들이 준비되어 있다.

그림 위주의 예술 단지인 모간산루 M50가 있다면, 조형 예술의 성지, 일명 '레드타운'으로 불리는 **홍팡**이 있다. 이곳 또한 1950년대 붉은 벽돌로 지어진 공장을 예술가들의 작업실 및 전시관으로 개조한 곳인데, 전시관뿐만 아니라 야외에 드넓게 펼쳐진 초록색 잔디밭 위 조형예술 작품들도 감상할 수 있다는 것이 특징이다. 사실 앞의 Rockbund Art Museum 소개 때 눈치 채셨을지 모르겠으나, 나는 그림 외에 설치미술이나 조형 예술에는 큰 관심이 없는데, 기분 전환 겸 떠나기엔 매우 좋은 산책로였다.

Chapter 4

내가 사랑한 상하이

Shanghai
#Onthetable

이번 편에서는 나의 모든 애정이 담겨 있는 곳들을 소개하고자 한다. 상하이에서 생활하면서 정말 많은 곳들을 돌아다녔지만, 그중에서도 나만 알고 싶은, 내가 있는 곳이 어디든 늘 함께였으면 하는 장소들이 있었다. 특별한 이유가 있어서가 아니라 그냥 막연히 좋은 곳. 물론 지금 언급할 곳들은 아무런 이유 없이 독자분들께 소개하는 것은 아니다. 더 이상의 긴말은 필요 없고, 한번 읽어 보시라니까?

　나는 사람이든 음식이든 음악이든 그게 무엇이든 한번 좋아하면 빠져서 쉽게 헤어나오지 못하는 편이다. 한 사람을 좋아하기 시작하면, 감추려고 해도 넘치는 감정에 숨기지 못하고 온 세상이 알도록 티를 내며, 한 음식에 꽂히면 일주일 내내 하루 세끼 중 한 끼는 꼭 그 음식을 먹고, 한 음악에 꽂히면 하루에 수십 번도 넘게 같은 곡을 무한재생하여 가사까지 몽땅 외워버린다.

　　상하이에서 나는 어느 자그마한 미국식 샌드위치집에 꽂혀버렸다.
상하이도서관역 근처 조용한 대로변에 위치한 이곳은, 뉴욕에서 다양한
경험을 쌓다가 부모님이 살고 계신 상하이로 돌아온 중국계 미국인 쉐
프가 운영하는 **Madison Kitchen**이다. 일렬로 정렬된 아홉 개의 스툴
의자가 전부인 자그마한 공간에는 메뉴가 적혀져 있는 귀여운 칠판과
사이드 메뉴 및 디저트로 판매하는 잼, 샐러드, 쿠키 등이 놓여져 있는

데, 이마저도 특유의 아기자기함으로 나의 취향을 저격해버렸다.

Madison Kitchen의 주메뉴는 그릴치즈, 로스트비프, 에그샐러드, 튜나멜트, 미트볼 등의 샌드위치이며, 수프와 샐러드 그리고 날에 따라 달라지는 스페셜 메뉴가 준비되어 있다. 이곳의 모든 메뉴를 먹어본 나로서 어떤 샌드위치를 시켜도 늘 만족스러웠지만, 그중 나의 최애 메뉴는 바로 로스트비프가 들어간 **The Gentleman Caller**. 기존에 보던 얇은 두께에 낱장으로 이루어진 로스트비프와는 달리, 이곳의 로스트비프는 풀드포크식으로 잘게 찢어져 있어 어마무시한 두께를 자랑하며 바삭하게 구워진 빵 사이를 가득 채운다. 엄청난 로스트비프의 양 때문에 먹어보기 전까지는 자칫 텁텁하다고 생각할 수 있으나, 잘게 찢어진 로스트비프에 스며든 특제소스와 위에 올려진 토마토가 마치 육즙이라고 착각할 만큼의 촉촉함을 이루어내며, 상상치도 못한 부드러움에 놀라게 된다.

그다음 추천 메뉴는, 이름부터 귀여운 **Molten Oppa Love**. 세 가지 종류의 치즈가 들어간 그릴치즈 샌드위치에 김치와 절인 햄을 넣었다. 치즈처럼 포근하고 능글맞게 다가오다가도 김치처럼 톡 쏘는 상남자 같은 매력의 오빠. 이상형에 가까운 오빠의 애정공세에 흠뻑 빠져버리지 않을 수 없었다. 다양한 쿠키와 스콘 등 페이스츄리 메뉴 또한 야무진데, **Double Chocolate Bacon Cookie**는 묻지도 따지지도 않고 시켜야

최근 Madison Kitchen의 위치가 상하이도서관역 근처가 아닌, 산시난루역 근처로 임시 이전되었다고 하니, 찾아갈 때 변경된 위치 참고하기!

한다. 이틈반 블어노 사랑스러운 이 조합은 빈편의 깅녁을 보어주는데, 샌드위치를 맛있게 흡입한 후 깔끔하게 후식으로 즐기기에 아주 적당하다. 학교에서 지하철로 40분 거리인 이곳을 거의 매일 다녀갈 만큼 애정한 나의 Madison Kitchen, 아직도 이곳의 샌드위치가 너무너무 그립다.

나의 애정이 듬뿍 담겨 있는 로케이션 넘버 투는 바로, 어쩌면 드디어(?) 소개하는 세련된 광둥식 중국요리 레스토랑 Imperial Treasure. 로컬 사람들에게는 중국어로 '어보헌'으로도 불리는 이곳은, 미슐랭 2스타에 걸맞는 고급스러운 분위기와 맛있는 요리로 내가 상하이에서 가장 좋아하는 중식당이다. 누군가 상하이 맛집 추천을 부탁하면 항상 이곳을 제일 먼저 알려주는데, 다녀온 지인들은 모두 만족하는 추천 성공률 100%의 흔치 않은 레스토랑. 위치 또한 와이탄에 어느 한 멋진 건물에 있어, 후미진 골목길을 헤매지 않고서도 쉽게 찾을 수 있다는 장점이 있다. 너무 반갑게도 인천 영종도 파라다이스 시티 호텔 내에 입점하며 한국에서도 Imperial Treasure를 즐길 수 있게 되었는데, 두 분점 모두 각기 다른 매력을 어필한다.

보통 딤섬 전문집에 가면 요리가 약하고, 중식요리를 전문으로 하는 곳에 가면 딤섬이 약하기 마련인데 Imperial Treasure는 딤섬이면 딤섬, 요리면 요리, 뭐 하나 빠지는 것 없이 최고의 맛을 자랑한다. 개인적으로 나는 상하이에서 베이징덕이 가장 맛있는 레스토랑으로 꼽히는 Hyatt on the Bund 호텔의 **Xindalu**보다 이곳의 베이징덕을 더 좋아하는 편. 하지만 이곳에서 가장 유명한 것은 바로 **whole suckling pig**

Chinese style이다.

처음 이곳을 알게 된 건 상하이에서 유학생활을 했던 친구의 소개였지만, 바로 수화기를 들어 예약전화를 하게 된 것은 바로 차이니즈 스타일 아기돼지 요리 사진 때문이었다. 최소 하루 전 예약주문이 필요한 이 메뉴는 새끼 돼지 한 마리를 통째로 구워 바삭하게 튀겨낸 요리인데, 아기 돼지 한 마리가 접시 위에 대자로 뻗어있는 모습에, 체리토마토로 표현한 눈이 포인트. 비쥬얼이 다소 경악스러울 수 있으나, 바삭하게 튀겨낸 껍질을 한입 베어 물고 촉촉하게 익은 안쪽의 살코기를 먹는 순간, 경멸했던 나의 눈빛은 숨기고 사랑스러운 눈빛으로 가여운 아기

돼지를 바라보게 된다.

그 외에도 주말에 가면 더 다양하게 즐길 수 있는 딤섬 요리부터 시작하여 에그누들, 볶음밥 등 메뉴가 빼곡히 차 있어 방문할 때마다 이것저것 다양하게 먹어보는 편인데, 늘 후식으로는 **salted egg yolk custard bun**을 시켜 먹는다. 갓 나온 번은 안에 든 커스타드가 매우 뜨겁기 때문에 반으로 갈라 호호 불어 식혀 먹을 줄 아는 인내심은 필수. 입안에서 녹는 그 담백하면서도 진한 맛이 일품이다. 후식이지만 혼자서 세 개는 거뜬히 해치울 수 있다.

이곳에는 사실 숨은 즐거움이 하나 더 있는데, 홀에서 서빙하는 다수의 직원들과는 달리 영어를 유창하게 하는 매니저님이다. 영어로 도움이 필요한 손님이 왔을 때 늘 매니저님이 출동하는데, 그의 유머러스한 말투와 젠틀한 제스처는 마치 중국 영화배우를 떠올리게 하여 구경하

는 것만으로도 큰 즐거움을 안겨준다.

재즈를 좋아하는 분들에게는 아주 기쁜 소식이 아닐까 싶다. 마지막으로 소개할 나의 애정 어린 장소가 바로 라이브 재즈 공연이 펼쳐지는 **Long Bar at Waldorf Astoria Shanghai on the Bund**이기 때문. 매일 아침마다 스피커로 노래를 틀어놓고 흥얼거리기 좋아하는 음악쟁이인 나는 케이팝을 가장 좋아하지만, 내가 그다음으로 좋아하는 음악 장르는 바로 재즈다.

나의 재즈 사랑은 고등학교 때로 거슬러 올라가는데, 고등학생 시절 나의 첫사랑은 생긴 거와는 달리 자기 전 베개에 향수를 뿌리고 재즈를 즐겨 듣는 아주 고상한 취미를 가진 친구였다. 좋아하는 사람의 모든 것이 알고 싶고 닮고 싶었던 나는, 재즈를 찾아 듣기 시작했고 푹 빠졌던 첫사랑만큼 재즈에도 애착이 생겨 매일 듣곤 했었다. 밤이면 방 안에 초를 켜두고(기숙사에 살던 터라 화재위험으로 인해 초를 켜는 행위는 금지되었지만 사랑에 아니 재즈에 눈이 먼 나에게 규율 따위는 중요치 않았다), 스피커로 재즈를 크게 틀어 나만의 시간에 잠기는 것을 좋아했고, 대학교에 들어와서는 와인 한 잔이 더해지며 완벽한 나만의 재즈바가 완성되었다.

색소폰 소리를 좋아해서 그 유명한 Kenny G의 곡들을 많이 들었고, 가장 좋아하는 그룹은 Eddie Higgins Trio, 특히 〈Christmas Songs〉 앨범을 너무나도 좋아한다. 아직도 방청소를 할 때나, 혼자만의 시간이 필요할 때에는 Eddie Higgins Trio의 곡들을 스피커로 크게 틀어놓고는 한다.

서론이 너무 길었는데, 어찌되었던 이러한 나의 재즈 역사를 현재까지 연장시켜준 곳이 바로 Long Bar이다. 내 기억상으로 매주 목요일, 토요일 10시부터 라이브 재즈 공연이 있는 이곳은 상하이에서 가장 오래된 역사를 가지고 있는 바이기도 하다. 들어서자마자 보이는 이름처럼 가로로 길다란 바와 블랙 월넛 컬러의 가구, 장으로 클래식하면서도 앤티크한 분위기를 물씬 느낄 수 있는 곳. 사실 오래된 역사에 걸맞지 않게, 바이지만 칵테일은 추천하고 싶지 않다. 설마 하는 마음에 여러 차례 다른 칵테일을 주문해보았지만, 맛있게 마신 칵테일은 단 한 잔도 없다.

칵테일이 맛있지 않은 칵테일 바는 소가 맛없는 만두, 통조림 팥이 들어 있는 찹쌀떡과도 같지만, 밤 10시, 재즈 공연이 시작되는 순간 이 모든 것은 뒤집어진다.

칵테일이 맛이 없다면 와인, 위스키 등 고를 수 있는 옵션들은 다양하며, 라이브 공연에 후끈 달아오른 분위기에 나도 모르게 내려놓았던 칵테일 잔을 들고 홀짝이는 나 자신을 발견할 수도 있다. 한국에서도 라이브 재즈 공연을 하는 바는 많이 가보았지만, 이곳이 특별한 이유는 진정으로 공연을 즐기는 사람들을 종종 발견할 수 있기 때문.

공연 중반부쯤 흥에 겨워 자리에서 일어나 음악에 맞춰 춤을 추는 외국인 노부부부터 시작해서 보컬과 친분이 두터운 단골 고객의 솔로 댄스까지 남의 눈을 의식하지 않고 즐거워하는 그들의 모습이 나에게는 흥겨움을 배로 가져다주었다. 물론 매 방문마다 이런 흥부자 고객들과 함께일 것이라는 보장은 못하지만, 재즈를 좋아하는 분이라면 그들처럼 일어나 춤을 추고 싶을 정도의 즐거움을 느낄 것이라고는 장담한다.

Chapter 5

메리 크리스마스, 상하이

참으로 신기한 일인데, 어찌 보면 방학 때마다 한국에 나왔으니 당연한 일이지만, 나는 8년이 넘는 미국 유학 생활 동안 딱 한 해를 제외하고 모든 크리스마스를 한국에서 보냈다.

　유일하게 크리스마스를 집이 아닌 타지에서 보낸 것은 바로 유학을 떠난 첫해. 나의 고등학교 입시를 위해 엄마는 두 달 동안 기숙사 근처 집을 렌트해서 말 안 듣는 사춘기 소녀의 시험공부와 학업을 감시하셨다. 당시 나는 한국에서 중학교 2학년 1학기를 마치고 운이 좋게 시애틀의 어느 한 사립여자보딩스쿨(고등학교)에 입학하였지만, 정식으로 고등학교 입시 준비 후에 더 많은 옵션을 가지고 학교를 선택하고 싶었던 (부모님의 바람과는 달리 여고가 아닌 남녀공학에 가고 싶었던 것도 이유 중에 하나였을 것이다) 나는, 다른 고등학교에 입학하기 위해 미국 사립고등학교 입학시험인 SSAT를 보았고 원하는 성적을 얻기 위해 크리스마스 때까지도 미국에 남아 눈물을 흘리며 단어를 외우고 공부를 했던 기억이 어렴풋이 난다. 결론적으로 말하자면 난 보스턴에 한 사립여자고등학교에 입학하였고(이쯤 되면 여고는 숙명이었나 보다), 선물 같은 사람들을 만나

행복한 힉칭시절을 보냈다.

　미국 시애틀에서 보낸 나의 눈물겨운 크리스마스 이야기를 뒤로 하고, 나는 상하이에서 외국에서 보내는 두 번째 크리스마스를 맞이하게 되었다. 다행히 이번에는 눈물은 없다. 새해가 지나야 학기는 끝나고, 다가오는 기말고사 때문에 한국으로 날아가기에는 다소 무리가 있어 상하이에서 보낼 수밖에 없었던 그 해 크리스마스. 아무리 혼자서 이곳저곳 잘 돌아다니는 나지만, 크리스마스이브와 당일 저녁에 혼밥을 하게 될까 두려움이 앞서 둘도 없는 친한 동생에게 앓는 소리를 내며 칭얼거렸다. 수화기 너머 동생은 "언니 알잖아. 인생 혼자야"라는 무심한 한마디를 던지고는 미국에서 가을학기 시험을 마치고 바로 크리스마스이브 전날, 상하이로 날아왔다.

　기지배, 다시 생각해도 참 멋지다.

　마냥 신이 난 나와 여기까지 와서 뭘 하고 있는 건지 모르겠다며 투덜거리면서도 한국에서 사온 이북 인절미 한 박스와 호텔 근처 꽃집에서 산 꽃다발 하나를 시크하게 건네주던 동생. 우리는 나름대로 상하이에서의 크리스마스를 자축하기 위해 어느 조용한 프랑스 조계지 근처 골목에 위치한 **Villa Le Bec 321**에서 크리스마스이브 저녁을 먹었다. 유럽의 예쁜 가정집처럼 생긴 이곳은 빌라 전체가 레스토랑을 위한 공간으로 이용되는데, 1층에는 프라이빗하게 식사를 즐길 수 있는 여러 구역의 다이닝 룸이 있고, 2층에는 편안한 라운지 형식의 바가 있으며, 날이 따뜻해지면 야외 정원 또한 멋진 식사 공간으로 거듭난다.

예약이 늦어 선택권이 없었던 우리의 자리는 1층 The Fireplace Room의 주인공인 벽난로를 마주하고 있는 테이블이었는데, 벽난로의 타오르는 불길 때문에 조금 덥게 느껴지는 것을 제외하고는 크리스마스 분위기를 만끽하기에 완벽한 자리였다. 벽난로는 크리스마스를 맞아 귀여운 빨간색과 초록색 양말들로 장식되어 있었고, 타오르는 불길과 잔잔하게 들리는 샹송, 모든 것이 아름답게 조화를 이루어 크리스마스를 노래하고 있었다.

추천 메뉴로는 이곳의 시그니처 디쉬인 **Foie gras de canard mi, cuit au cognac "sel et poivre"**(half-cooked duck foie gras terrine with cognac "salt and pepper")와 **Entrecote XXL 600g, os a moelle, jus porto echalotte**(XXL 600g rib-eye steak, bone marrow, port wine and shallots). 사실 이곳은 저 시그니처 푸아그라 디쉬를 먹으러 간 것이라 해도 과언이 아니

다. 그만큼 쑤아그라 테린 딕후는 굉장한 기대를 했었는데, 나의 개인적인 취향으로는 스프레드처럼 부드럽게 발리고 fig나 라즈베리 등으로 달달하게 마무리되는 테린을 더 선호하기 때문에 조금은 아쉬운 맛이었다. 그래도 많은 이들이 인정한 시그니처 메뉴이니 먹어보는 것을 추천. 서버의 추천으로 시켰던 립아이 스테이크가 이날의 하이라이트였는데, 어마어마한 양에 일단 눈이 한 번 휘둥그레해지고, 넘치는 육즙과 부드러움, 포트 와인 소스와의 조화에 또 한 번 놀랐다. 상하이에서 맛있는 립아이 스테이크가 먹고 싶다면, 거침없이 이곳을 추천할 것이다. 왜냐면 난 **Roosevelt Prime Steakhouse**를 아직 가보지 못했으니까. 아마 Roosevelt Prime Steakhouse를 다녀온 뒤라면 마음이 바뀔 수도 있겠지만, 아직까지 내 마음속 1위는 이곳 Villa Le Bec 321. 편안하고 로맨틱한 분위기를 연출하고 싶다면, 더!

닳도록 로맨틱한 분위기에 행복함도 잠시, 레스토랑을 나오자 밀려오는 공허함에 우리는 분위기 전환을 위해 캐주얼한 바를 찾았다. 언제가도 무난하게 맛있는 칵테일 한 잔은 즐기고 나올 수 있는 그런 곳, 화려한 내부 인테리어에 나도 오늘 불금(?) 좀 즐겼다 할 수 있는 곳. 바로, 와이탄 어느 멋진 건물 6층에 위치한 **The Nest**. 날도 날인지라 별기대 없이 예약전화를 걸었는데, 마침 바 테이블에 두 자리가 비어 이곳에 갈 수 있었다. 통로를 지나 보이는 기하학적인 모형의 파란 조명은 언제 봐도 신이 난다. 늘 이곳에 오면 비교적 한적한 구석 쪽 테이블에 앉아 살몬 플래터와 립아이 플래터를 푸짐하게 시켜놓고, 칵테일을

마시며 시끌벅적한 바 쪽의 사람들을 구경하고는 하는데, 그날은 내가 그 사람들 중 하나가 되어버렸다.

The Nest는 신선한 굴, 날생선 등의 해산물과 그레이 구스 보드카를 좋아하는 사람이라면 상하이에서 꼭 한번 방문해볼 만한 가스트로 라운지 바. 테마 자체가 그레이 구스의 영향을 받은 이곳은 칵테일 리스트 또한 보드카 위주로 구성되어 있지만, 그 외에도 트러플 슬라이스와 블랙 트러플 허니가 들어간 **"Black Gold"** 등의 award winning 칵테일들을 즐길 수 있으니 사실 보드카 러버가 아니어도 큰 재미를 느낄 수 있다. 이날의 재미는 고급스런 라운지 바에서 즐기는 군밤이었는데, 크리스마스여서 그랬던 건지 날이 추워 준비되었던 건지 입구 쪽에는 산타 복을 입은 모델 언니가 군밤을 나누어주고 있었다. 김이 모락모락 나는 군밤에 홀려버린 우리는 각자 한 봉지씩 받아 들고 바 테이블에 앉아 칵테일을 마시다 말고는 누구보다 열심히 밤 껍질을 까기 시작했는데, 결국 나의 어여쁜 동생은 군밤을 까다가 손에 피까지 봤다는 그날의 웃픈 이야기.

소고기 안심, 트러플 페이스트 그리고 푸아그라가 들어간 비프 웰링턴, 이보다 더 festive한 메뉴가 있을까? **Coquille**의 **Wednesday Beef Wellington**이라 불리는 이 스페셜 메뉴와 함께라면 한 여름에도 크리스마스를 즐길 수 있다. 프렌치 퀴진에 아시안 그리고 캘리포니아 트위스트가 가미된 Coquille(이해하기 조금 어렵기에 퓨전 프렌치 퀴진이라고 생각하면 되겠다)은 해산물 전문점답게 레스토랑 입구에 들어서자마자 싱싱

한 해산물들이 만겨준다. 이이러니하게도 해산물 전문점에서 매주 수요일에만 선보이는 스페셜 메뉴는 바로 **비프 웰링턴**.

비프 웰링턴은 소고기를 듀셀(버섯과 양파 혹은 샬롯, 각종 허브 등을 다진 것)과 파이로 싸서 오븐에 구운 요리인데, 이곳의 비프 웰링턴은 조금 특별하다. 수요일 방문 시에만 주문 가능한 이 메뉴는 전화로 사전 주문 및 예약을 해야지만 맛볼 수 있는 Coquille의 스페셜 메뉴이다(좋은 소식, 최근에는 3일 전에만 사전예약을 하면 어느 요일에나 주문 가능하다고 하니 참고 하시길!). 스테이크도 아닌 것이 요리 하나 값이라고 하기에는 꽤나 비싸지만(688RMB), 이 메뉴 하나로 성인 남성 3명도 배불리 먹을 수 있다고 하니 할 말은 없다. 물론 나는 여자 둘이서 해치웠다. 애피타이저도 먹은 건 안 비밀.

사실 상하이에서 한 레스토랑에 들어가 이만한 기대를 한 적이 없었다. 이곳에 가기 3일 전부터 나는 들떠 있었고, 자리에 앉아 에피타이저를 끝내고, 서버가 비프 웰링턴을 커팅하기 전 오븐에서 꺼내와 영롱한 바위 덩어리인 모습 채로 보여줄 때까지도 내 심장은 쿵쾅거렸다. 드디어 단면을 공개한 채로 테이블에 놓여진 비프 웰링턴. 완벽한 미디움 레어의 안심과 각 조각마다 들어 있는 두툼한 양의 푸아그라는 날 설레게 했고, 그 둘을 감싸고 있는 prosciutto와 button mushroom으로 만든 듀셀은 truffle paste가 들어 있어 향긋했으며, 겉의 파이는 적당히 바삭하고 buttery했다. 한 조각당 크기는 내 주먹보다도 조금 컸는데, 나는 푸아그라와 듀셀 그리고 안심을 야무지게 반 토막 내 두 입에 나누어 먹었다. 맛 또한 앞의 설명 그대로. 그냥 정말 예술이었다. 서울에 돌아와서도 적지 않은 비프 웰링턴을 맛보았지만, 아직까지 이 맛은 잊을 수가 없다. 한입 먹는 순간, 입안에서는 캐롤이 울리는 천국을 맛볼 수 있다. 메리 크리스마스!

Chapter 6

뭘 좋아할지 몰라서
다 준비해봤습니다만

Shanghai
#Onthetable

상하이에서의 소중한 6개월을 기록하고, 이곳에서 내가 느낀 즐거움과 행복을 공유하고자 하는 마음으로 책을 쓰기 시작하니 2년 전 그때로 돌아가 그날의 기억에 빠져 혼자 피식대며 웃기를 수십 번. 나의 추억 여행에 기꺼이 함께해주신 독자분들을 위해 내가 무엇을 할 수 있을까 생각하다가 바로 이것을 준비했다.

　다른 챕터들은 내가 다녀온 곳에 대한 개인적인 견해를 담았다면, 이번 챕터는 독자분들과 나란히 서서 '가보지 않은 그러나 가보고 싶은 곳'들에 대해 적어 보려고 한다. 상하이 여행 2주 전, 아끼는 친구와 혹은 사랑하는 가족과 함께 갈 레스토랑을 예약한다는 마음으로 디테일 하나 빼놓지 않고 중요한 정보들을 모아모아.

　내가 지금 만약 상하이 여행을 계획한다면, **Roosevelt Prime Steakhouse**에서의 저녁식사는 여행 일정 중 하나로 빠짐없이 포함되어 있을 것이다. 물론 이름에서 알 수 있듯이 이곳은 스테이크 전문점으로, 상하이에서 군이 샤오롱바오를 포기하고 스테이크를 먹을 이유는 전혀 없지만, 그래서 '가보지 않은 그러나 가보고 싶은 곳' 아니겠는가. '중국 음식은 여한이 없도록 먹었으니, 오늘은 정말 맛있는 스테이크가 먹고 싶어'라는 생각이 든다면 이곳의 이름을 떠올리도록 하자. 식당 소개도 하기 전에 있는 김, 없는 김 다 빼놓은 것 같다는 생각도 들지만, 이 글의 단락이 끝날 때쯤, 당신은 이미 메모장에 이곳의 이름을 적어놓고 있을 것이다. 이곳은 Ruijin 인터콘티넨탈 호텔에서 운영하는 Tai Yuan Villa 내에 위치한 곳으로, 와이탄에 있는 House of Roosevelt와는 헷갈리지 않도록 한다.

TMI #4   이건 불과 몇 달 전에 일어난 일인데 남자친구와 함께 서울에서 즐겨가는 소고기 집에 갔을 때의 일이다. 오전부터 유난히 바빴던 하루를 보낸 터라 매우 허기진 토요일이었는데, 꽃등심을 굽던 중 주차해놓은 차를 빼야 하는 상황이 생겨 남자친구가 잠시 자리를 비웠다. 사건은 5분도 채 안 되는 바로 그때 터지고 말았는데, 내가 불판 위의 고기들을 싹 쓸어버린 것이다. 돌아온 남자친구는 벙찐 표정으로 빈 불판만 하염없이 쳐다봤다는 슬픈 이야기. 내가 고기를 얼마나 좋아하는지는 대충 이 정도면 설명이 다 됐을 것이라 믿는다.

다시 본론으로 돌아와서, 내가 Roosevelt Prime Steakhouse에 가야겠다고 마음을 먹은 이유는 바로 이곳의 두 메뉴 때문인데, 하나는 당연히 스테이크임을 예상할 수 있을 것이고 다른 하나는 바로 이곳의 시그니처 사이드 디쉬인 **Roosevelt's Famous Black Truffle Mac & Cheese**이다. 스테이크 전문점답게 Roosevelt Prime Steakhouse는 다양한 부위를 요리하는데, 그중에서도 나의 픽은 바로 28일 숙성시킨 2인치 두께의 립아이 **"The Cowboy"**. 어느 정도의 마블링이 있어 지방 특유의 묵직하면서도 부드러운 감칠맛을 즐길 수 있는 립아이는 내가 최고로 애정하는 스테이크 부위 중 하나이다. 어느 해외 유명 블로거의 말에 의하면, "The Cowboy"의 겉면은 숯불에 그을려 크리스피한 껍질을 맛볼 수 있고, T-bone과 New York Strip Prime의 겉면은 비교적 부드러운 편. 물론 스테이크 부위는 개인 편차가 심하기에 자신이 가장 좋아하는 부위로 시키는 것이 가장 현명한 선택이겠지만, 나와 같이 약간의 기름기와 씹는 맛을 즐긴다면 답은 "The Cowboy"가 아닐까 싶다. Roosevelt's Famous Black Truffle Mac & Cheese는 레스토랑을 검색하던 도중 발견했는데, "에이 반칙!"이라고 외치며 마우스 스크롤은 왜 그렇게도 재빠르게 내리는지. '맥앤치즈'에 송로버섯이라는 뻔하디뻔한 조합을 보며 생각했다. 치킨을 보며 맛있는지 맛없는지를 생각해본 적은 없다는 걸. 치킨은 원래 맛있고, '맥앤치즈'에 송로버섯 또한 그렇다. 다른 사이드 디쉬들은 몰라도, 이것만큼은 꼭 1인 1디쉬를 하라는 어느 한 블로거의 말을 기억하며, Roosevelt Prime Steakhouse에 대한 소개를 마치겠다.

다음으로 조사에 들어간 곳은, 어느 한적한 프랑스 조계지 거리에 위치한 1930년대의 가정주택을 개조하여 만들어진 상하이 퀴진 레스토랑, **Fu 1088**. 상하이 옛 저택에서의 식사, 상상만으로도 영화 속 주인공이 된 것만 같은 기분이 든다. Fu 1088은 **Fu 1039**, **Fu 1015**와 함께

Fu 레스토랑 그룹의 하나로, 훙샤우로우와 간장소스 생선튀김 등의 상하이 전통음식부터 모던디쉬까지 다양한 스펙트럼의 음식을 즐길 수 있다. 이곳에 관한 기사를 쓴 어떤 기자는, Fu 1088의 모던하고 실험적이나, 전통적인 면모를 잃지 않은 메뉴들은 상하이 도시 그 자체를 보여준다고 말한다. 아마 기자는 Fu 1088의 음식을 먹으며 '중국 경제의 중심'이라 불리는 도시답게 가장 서구화되었고 국제적이면서도, 지극히 '중국스러운' 면모를 동시에 가진 이 도시의 모습을 떠올린 것이 아닐까 싶다.

이곳의 특이점은 16개의 룸으로 나뉜 룸에서의 프라이빗한 식사인데, 서울의 여느 고급 레스토랑 내 프라이빗 룸에서의 식사와 같이 일정 금액 이상의 오더를 해야 한다. 따라서 최대한 많은 인원을 동원하여 여러 디쉬를 적당량으로 나누어 먹는 것을 추천한다(Fu 1088 최대인원: 7명). 돼지력 넘치는 나에게 좋아하는 음식의 구분은 무의미하다는 것을 이제 독자분들도 너무나도 잘 아시겠다만은, 누군가가 중국 음식을 좋아하냐 물으면 나는 1초의 망설임없이 "사랑해요"라는 대답을 할 것이기에 콕 집어 2~3가지의 메뉴를 고르는 것은 매우 힘든 일이었다. 하지만, 추천 메뉴 없는 레스토랑 소개는 팥 없는 붕어빵과 같기에 나는 간추리고 또 간추려 세 가지의 메뉴를 골랐다. 상하이 전통 음식 **훙샤우로우**(Red-braised pork), 상하이 전통 콜드디쉬 **Chilled drunken chicken topped with rice wine ice**, 그리고 이 레스토랑의 스페셜티 메뉴 **Old Shanghai smoked fish**. 어쩌다 보니 세 가지 모두 상하이 전통음식을 골랐는데, 평균적으로 세 가지 이상의 메뉴를 시키게 될 테니 나머지 그 외의 메뉴는 컨템포러리 음식을 선택해보는 것도 좋을 듯하다.

Drunken chicken은 웬만한 상하이식 중식당에서 흔히 볼 수 있는 대표적인 에피타이저인데, 한국에서 접할 수 있는 닭 요리와는 사뭇 다르게 차갑게 조리된 디쉬이다. 닭고기를 술에 마리네이드시켜 아주 부드럽게 조리해낸 요리인데, 닭고기와 위에 올라간 얼린 술 조각을 함께 베어 먹으면 입안에서 술의 향과 차가운 촉감이 어우러져 식욕을 끌어올리기에 더할 나위 없다는 평이다. 서울에서 찾기 흔치 않지만, 메뉴에서 발견하면 즐겨 주문하는 메뉴이다. 홍샤우로우는 우리가 흔히 알고 있는 동파육이라고 생각하면 되겠다. 적절한 조화를 이루고 있는 지방층과 살코기 그리고 그 밑에 고기 기름과 소스가 듬뿍 배인 야채들을 한입 맛보는 순간, 그곳은 바로 파라다이스. 마지막으로, Old Shanghai smoked fish는 훈제된 생선살을 달짝지근한 간장소스에 마리네이드하고 튀긴 상하이의 전통 음식인데, 겉은 바삭하면서도 속은 부드러운 생선살이 그대로 느껴진다는 평을 받고 있어 이곳에서 꼭 맛보아야 할 메뉴이다. Fu 1088은 현지인들에게도 귀한 손님 접대 혹은 특별한 기념일 등을 위해 사랑받는 레스토랑으로, 방문을 희망한다면 예약은 필수이다. 모두 사전 예약으로 상하이의 옛 저택, 프라이빗한 룸에서 맛있는 상하이식 요리를 먹으며 영화 속 주인공이 되어보자.

Chapter 7

상하이에서 즐기는 프랑스

상하이는 중국의 맛과 문화를 충분히 느낄 수 있는 도시지만, 어느 작은 골목길로 들어서면 마치 유럽에 와 있는 듯한 착각을 들게 만드는 신기한 도시라는 것을 알고 계시는지.

　특히 상하이에는 난징조약 이후로 여러 조계지가 형성되었는데, 그 중 하나가 예쁜 카페들과 상점들로 유명한 우캉루부터 화이하이중루, 쓰난루까지 쭈욱 이어지는 '프랑스 조계지'이다.

　프랑스 조계지 구역에 들어서면 거리에 나무부터 확 달라지는데, 나의 얄팍한 지식에 의하면 고국을 그리워하는 프랑스인들을 위해 정부에서 심어 놓은 플라타너스 나무라고 한다.

　그 당시 상하이에 있는 프랑스인들에게는 고국에 대한 그리움을 위로하는 존재였을 터이지만, 나에게 이 거리는 '인스타 감성'을 넘어서 어딘가 아련하고 말랑한 감성을 자극하는 그런 곳이었다. 아마 내 인스타에 올라온 상하이 사진들 중, 이곳 프랑스 조계지에서 찍은 스토리와 사진이 가장 많지 않을까? 그 정도로 나에게 있어서 이곳은 늘 머물고 싶은 곳이었고, 아마 가장 큰 이유는 걷기 좋은 예쁜 거리 그리고 느낌

있는 카페들 때문이 아니었을까 싶다.

사실 내가 이 책을 준비하며 가장 먼저 떠올렸던 곳이 프랑스 조계지에 위치한 빵집 하나와 프렌치 비스트로인데, 여러 가지 조사를 하며 두 해 전 문을 닫았다는 소식을 접했다. 아끼던 보석 같은 아지트를 잃은 기분에 그날 아침 쓴 커피만 꾸역꾸역 마셨다.

아쉬움을 뒤로 한 채, 다시 스스로에게 최면을 건다. 나는 지금 상하이에 있다고.

　지금 내가 만약 지하철 10호선을 타고 프랑스 조계지에 도착한다면 나의 첫 행선지는 1분의 망설임도 없이 **Green and Safe**가 될 것이다.

　외관부터 유럽 느낌 가득한 이곳은 1층에는 신선한 오가닉 식재료와 갓 구운 빵, 와인 그리고 샐러드 바가 있고, 2층으로 올라가면 다양한 음식을 주문하고 맛볼 수 있는 레스토랑이 있다. 미국의 홀푸드(Whole Foods Market) 또는 유럽의 잇탤리(Eataly) 느낌, 그러나 규모는 훨씬 작고 아기자기하다. 들어서는 입구 쪽 바깥에는 그날 추천하는 신선한 야채와 과일이 디스플레이 되어 있고 꽃피는 봄이면 옆에 수레에 꽃들이 한 가득 담겨져 있는데, 입구에서부터 나는 이렇게 저격당한 심장을 부여잡고 들어선다.

1층 한 바퀴를 쓱 둘러보고는 2층으로 올라가 브런치를 먹을 것이다. 메뉴는 파스타, 피자, 샌드위치, 그릴, 시푸드 여러 가지가 있지만 음, 모르겠다. 메뉴는 보고 정해야지. 결제를 하고 큼직큼직한 창가에 햇빛이 따사롭게 가장 잘 들어오는 자리로 잽싸게 앉아 음식이 나오기까지 기다리며 인스타 스토리 영상 하나 찍어서 올리고, 구석구석 사진도 찍어보겠지.

배불리 먹고 나오는 길에는 잊지 말고 아까 쓱 둘러보면서 찜해놓은 식재료 몇 가지와 내 사랑 **펌킨파이** 사기! 누군가는 나를 전생에 유럽 거지였을 것이라며 놀렸을 정도로(공주도 있고 평범한 유러피안도 있는데 왜 거지인지는 모르겠지만, 흥) 타르트와 파이를 좋아하는데 그중에서도 펌킨파이라면 지나가다 멈춰 서서 꼭 사 먹어보는 편이다.

펌킨파이 한 조각과 다음 날 학교 기숙사에서 먹을 샐러드를 테이크아웃 하고 나니 왠지 모르게 든든해지는 발걸음. 참고로 Green and Safe는 나중에 설명할 신티엔디에도 분점이 있으니, 프랑스 조계지 방문이 어렵다면 신티엔디 지점을 방문해보는 것을 추천한다.

배부르게 먹었으니 좀 걸어볼까. 나는 걷는 것을 참 좋아한다. 한국에서는 주말이면 경복궁, 덕수궁 혹은 한강진 이렇게 동네 한군데를 정해서 근처 미술관도 가고 맛있는 것도 먹으며 걷는 것을 좋아하는데, 타지에 오면 이러한 활동력이 배가 되는 듯하다.

그래서 지금 걸을 곳은 상하이의 '걷고 싶은 길' **우캉루**(Wukang Rd). 사실 우캉루는 길 이름으로 무지하게 광범위하지만 내가 말하는 우캉루는 **노르망디 아파트**에서부터 시작된다. 우캉루 초입에 삼각 형태로 지어져 높이는 높지 않지만 눈에 확 띄는 건물 하나. 뉴욕의 랜드마크 중 하나인 **Flatiron Building**과 흡사하게 생긴 이 건물이 나는 어찌나 반갑던지. 여기서 느낌 있는 인스타 포스팅이 하나 탄생한다. 나중에 포스팅할 때의 꿀팁은, 인스타그램 사진 수정에 들어가서 최상단 중앙에 위치한 'Lux'를 한껏 올려주기. 아이폰으로 찍었지만 카메라 감성을 가지고 재탄생한 노르망디 아파트가 액정에 보일 것이다.

느낌 있는 사진을 한 장 건졌다면, 대각선 맞은편 **Ferguson Lane** 쪽으로 발걸음을 옮겨보도록. Ferguson Lane은 우캉루 376번지와 378번지를 통틀어 일컫는데, 이곳 건물에는 여러 레스토랑과 카페 그리고 갤러리들이 있다. 이전에 언급한 나의 아지트가 바로 이곳에 있었는데 지금은 그 자리를 대신하여 교토에 다녀온 사람은 모두 한 장쯤의 인증샷을 남긴다는 유명한 **% Arabica**가 생겼다고 한다. 기억하는가 누군가 교토에 갔다 하면 인스타에 하나쯤은 꼭 올라오는 그 사진을. 어마무시한 웨이팅을 감춘 채 널찍한 창가 뒤에 비쳐진 강을 배경으로 한껏 평

화로움을 뽐내는 '교토에서 커피 한 잔'의 바로 그 사진.

  한국에서는 % 로고 때문에 '응 커피'라고도 불린다고. 사실 나도 교토에 가게 된다면 꼭 한번 찍어보고 싶다. 핫플레이스 웨이팅하면 상하이도 세계 어느 도시에 뒤처지지 않는데, % Arabica 역시 작년 2월에 오픈했지만 교토 저리 가라 하는 어마무시한 웨이팅이 기다린다고 한다. 오픈시간인 9시에 맞춰서 평일 모닝커피 한 잔 하러 가면 비교적 덜 기다리고 맛볼 수 있지 않을까. Ferguson Lane을 지나, 이 길을 쭉 거닐다 보면 아기자기한 상점들이 많이 나오는데 천천히 걸으면서 구경하는 것을 추천한다.

Chapter 8

혼자 하는 여행이
나에게 준 선물

사실 나는 처음부터 홀로 하는 여행을 좋아하는 사람은 아니었다.

선천적으로(어느 한 친구가 말하기를 관상학적으로도) 외로움을 심하게 타는 편이며, 쫑알거리기를 좋아하고, 누군가에게 기대는 것을 좋아하며, 무엇보다 혼자 밥 먹는 것을 굉장히 어려워했다. 적어도 고등학교를 다닐 때까지만 해도 나는 그런 사람이었다.

여행은 언제 어디든 늘 오케이였지만, 혼자 하는 여행에 대해서는 깊게 생각해본 적도, 가려고 해본 적도 없었다. 단 한 번도.

하지만, 대학에 입학을 하고 나에게도 변화가 찾아왔다. 친구들의 수업이 끝나길 기다리며 함께 점심을 먹고, 다 같이 도서관에서 수다를 떨며 과제를 하던 지난날. 주말이면 2평 남짓한 기숙사 방에 나란히 누워 영화를 보며 한시도 친구들과 떨어져 지낸 적이 없었던 1학년 생활을 접어두고, 학년이 올라갈수록 혼자 있는 시간이 많아졌다. 점점 더 어려워지는 수업에, 늘어나는 과제 양에, 매 방학마다 한국에 돌아가기 전 의식처럼 치뤘던 인턴십 준비에, '혼자 있는 시간이 늘어난 것은 어쩌면 당연한 일일 수도 있겠다'라는 생각도 들지만, 여전히 내가 혼자 있는 시간을 즐기게 된 것은 신기한 일이 아닐 수 없다.

처음 시작은 이러했다. 친구와 약속이 없는 주말이면, 혼자 책가방을 매고 노트북과 과제를 챙겨 가보고 싶었던 동네에서 산책도 하고, 카페에서 숙제도 하고. 정신없이 바쁜 일상 속에서, 누군가에게 방해받지 않는 나만의 시간이라는 느낌이 좋았다.

혼자 하는 여행 또한 다를 것이 없었다. 시작부터 끝까지, 나에 의해 결정되고 만들어지는 여정. 오늘은 이것을 먹고, 내일은 어디를 가고, 내가 하고 싶은 것 그리고 가고 싶은 곳/레스토랑의 오프닝 아워 이외에는 신경 쓸 것이 하나 없었다. 식사 시간이기에 밥을 먹는 것이 아니라, 시간과 상관없이 배가 고플 때면 밥을 먹었고, 일주일 내내 똑같은 샌드위치 가게에 간다고 지겨워하는 사람도, 걸음걸이가 늦다고 구박하는 사람도 없었다. 걷는 것을 좋아하는 나는 운동화를 신고 한 손에는 핸드폰으로 바이두앱 지도를 켜고 동네 구석구석을 살피며 온종일 돌아다녔다.

누군가의 눈을 마주보고 즐겁게 수다를 떨거나 장난칠 상대는 없었지만, 그 대신 나의 눈에 더 많은 것을 담고 기록할 수 있었다. 이곳 사람들은 어떤 생활을 하고 있는지, 표정은 밝은지, 거리에 나무는 많이 심어져 있는지, 거리에서는 무슨 냄새가 나는지. 비록 겉으로 보기에는 세상 조용히 홀로 걷고 있는 여행자였을지 몰라도, 내 머릿속에서는 사소하고 자그마한 관찰과 생각들로 더할 나위 없이 북적이고 풍성한 여행의 기록을 남기고 있었다.

이때의 기억들은 아직도 생생하게 남아있다. 그날의 온도, 그날의 냄새, 거리의 사람들. 이 모두가 나의 즐거운 관찰 대상이었으며, 동행자였다. 어디 가서도 밋밋한 성격을 가졌다는 얘기는 못 들어본 네가(그렇다고 모난 성격의 소유자는 절대 아니다) 이렇게 세상과 조화롭게 하나 되는 시간이 또 언제 있을까? 이건 반진심, 반농담. 아마 외로운 타지에서 누군가와 함께가 아닌 나약한 혼자였기에 가능하지 않았을까.

　홀로 하는 여행은 무작정 기대고 의지하며 닿을 수 있는 거리에 같이 있는 것이 '함께'가 아니라, 상대에 대해 관심을 기울이고 그의 이야기와 내면에 대하여 더 많은 것을 바라보고 담을 수 있을 때 비로소 '함께'라는 것을 일깨워주었다.

Chapter 9

어디까지 얼마만큼 힙해봤니?
I

Shanghai
#Onthetable

요즘은 핫플레이스보다는 힙(hip)한 곳이 더 끌린다. 뭔가 특색 있고 아직 그렇게 많이 알려지지 않아, 사진만 봐도 "어 저기 거기야!" 하는 곳보다 "어? 저기 어디야?" 하는 곳. 물론 힙한 곳이 시간이 지나고 입소문을 타 핫플이 되고는 한다. 상하이에도 힙한 분위기를 만끽할 수 있는 곳들이 여럿 있는데, 그중 인상 깊었던 몇 곳을 소개하려고 한다.

아름다운 유럽의 어느 정원에서 타파스와 와인, 칵테일 등을 즐기는 듯한 기분을 만끽할 수 있는 **The Commune Social**. 미슐랭 가이드와 각종 언론사의 극찬을 받아 이미 오래 전 핫플이 되어버린 곳이지만, 이곳만의 분위기는 현재까지도 상하이의 다른 어느 곳에서도 느껴볼 수 없다. 이곳은 Jason Atherton 쉐프가 총괄을 맡고 있는데, 그는 바로 차가운 은빛 테이블 위에서 넘치는 카리스마와 불꽃같은 독설로 나의 마음을 홀딱 반하게 한 고든 램지가 이끄는 **maze**의 수석 쉐프였다.

그가 상하이에서 이름을 날린 또 하나의 이유는 바로 The Waterhouse Hotel의 **Table No.1**이라는 레스토랑으로 인기몰이를 했기 때문.

나는 Table No.1 브런치를 아주 좋아했었는데, 아쉽게도 현재는 **Oxalis** 라는 이름의 레스토랑으로 교체되었다고 한다.

The Commune Social은 오픈키친으로 쉐프들이 요리하는 모습을 생생히 지켜볼 수 있는 내부와 야외 테라스 자리로 이루어져 있는데, 나는 붉은 벽돌과 곳곳의 초록 나뭇잎이 무성한 야외 테라스 자리를 무척이나 선호하는 편.

다양한 타파스와 디저트로 구성된 테이스팅 메뉴와 단품 메뉴가 준비되어 있고, 칵테일 메뉴 또한 출중하여 점심에 가볍게 타파스와 낮술을 즐기기에 최적의 장소다. 추천 메뉴는 초리죠, 토마토 릴리쉬와 살짝 cheesy한 폼 그리고 부드러운 수란의 조화가 일품인, **Spanish breakfast, chorizo and potatoes**. 초리죠의 짠맛을 부드러운 수란이 살포시 이불을 덮듯 감쳐주고, 달달한 토마토 릴리쉬와 cheesy한 폼이 조미료처럼 감칠맛을 더해준다. 그다음은 **'Tongue & Cheek' Beef empanada**,

caper and raisin puree, foie-gras. 스페인과 남미식 군만두라고 볼 수
있는 empanada는 내가 피츠버그에서 학교생활을 하던 때부터 좋아하
던 음식이었는데, 이유는 알 수 없지만 피츠버그 Strip District에 가면
허름한 empanada 가게들이 많았다.

The Commune Social의 'Tongue & Cheek' Beef empanada는 페이스
츄리의 buttery하고 기름진 맛과 고기, 푸아그라 등에서 느껴지는 특유
의 묵직함을 좋아한다면 더할 나위 없이 완벽한 메뉴이다. 노릇노릇하
고 적당히 바삭하게 구워진 empanada 속에는 우설과 부드러운 볼살로
만들어진 소가 가득하고, 그 위에 얹어진 푸아그라는 담백한 empanada
에 버터 한 스푼과 같은 역할을 한다. 여기에 달달한 caper and raisin 퓨
레는 칠면조와 크랜베리 소스처럼 empanada와 찰떡궁합을 자랑한다.

이 외에도 군침이 도는 타파스 메뉴가 많지만, 디저트 배는 꼭 남겨
둘 것! **Spiced pumpkin mousse with bacon jam and granola** 그리고
Peanut ice cream, red fruit, salted peanut caramel과 같은 어마무시한
디저트가 기다리고 있기에.

다음으로 소개할 곳은, 한국에서는 다소 생소할 수 있는 **poke bowl**
을 파는 곳이다. Poke는 하와이 음식으로 깍둑썰기 한 날 생선이 들어
간 샐러드라고 할 수 있는데, 여기에 밥이 추가되면 poke bowl이라고
불린다. 상하이에서 조금은 뜬금없는 메뉴 선택이지만, 대학교 1학년
봄방학 때 하와이에서 먹었던 poke가 문득 떠올라 찾게 되었다.

이곳의 이름은, **Little Catch**. 상하이에는 여러 개의 분점이 있을 정

도로 생각보다 많은 이들에게 사랑받고 있는 곳이다. 하와이의 푸른 바다를 연상시키는 파란색은 Little Catch의 트레이드마크인데, 각 매장 모두 이 상징적인 컬러를 살려 다양한 인테리어를 연출했다. Poke bowl은 크게 날것과 익힌 것으로 나뉘는데, 웬만해서는 날생선이 들어간 것을 추천한다. 왜냐, 그게 진정한 poke니까!(사실 poke의 정의가 날생선과 익힌 생선 사이에서 어디까지 포함되는지 모르지만, 구글의 정의에 따르면 '날생선 샐러드'이기에 큰소리 한번 내보았다)

날생선 메뉴는 연어와 참치로 나뉘어 그중에서 소스의 차이로 구분되는데, 나의 선택은 늘 **Sambal Salmon**이다. 매콤한 sambal chilli와 garlic honey, 후리가케에 캐슈넛과 마늘 칩이 들어가는데 깔끔한 poke 맛을 느낄 수 있다. 여기에 나는 아보카도를 추가하는데, 연어와 아보카도의 조합은 늘 옳지 않은가? 신선한 연어에 칠리소스와 각종 야채가 들어간 상큼한 회덮밥의 맛을 떠올리면 되겠다.

Little Catch에서의 또 하나의 별미는 Spread The Bagel에서 공수한 Everything 베이글에 하우스메이드 crab cream cheese와 salmon gravlax가 들어가는 **Leontine**. 그라브락스는 소금과 설탕 그리고 향기로운 딜에 절여 가공한 스칸디나비아의 연어 요리인데, 간단하게 Leontine은 아주 맛있는 연어 베이글 샌드위치라고 생각하면 된다. 상하이에서 가장 맛있는 베이글에, crab cream cheese와 향긋한 연어 그리고 식감을 살려주는 오이까지. 어쩌면 메인 메뉴인 poke bowl보다 더한 임팩트를 가지고 있을지도 모른다.

상하이의 힙한 곳들을 소개하는 데 있어 힙한 카페가 빠지면 안 되겠다. 10평도 안 될 만한 자그마한 공간에서 뿜어져 나오는 힙한 아우라가 인상적인 **BeautifulConcept**.

이곳이 얼마만큼 힙하냐면, 카페 이름에 그 흔한 띄어쓰기조차 없다 (이건 나의 애교 섞인 말장난 혹은 근본 없는 드립). 카페 외부에서부터 넘치는 빈티지함으로 지나가는 이의 시선을 사로잡는 이곳은, 내부에서도 이어지는 빈티지하면서도 감각적인 인테리어에 저절로 카메라를 들어 사진을 찍게 된다. 공간은 작지만 어느 곳을 찍어도 감각적인 샷이 나오는 마법의 공간.

입구에서 정면으로 보이는 벽에 붙은 사슴머리는 이곳 인테리어의 느낌을 정점으로 살리고, 안쪽으로 들어서면 보이는 빈티지한 데님 의류들은 1970년대 미국 서부의 모습을 생각나게도 한다. 목재가 주로 된 카페 내부에는 곳곳의 빨간색 아이템들이 눈에 띄는데, 커피를 시키면 늘 빨간 티컵소스에 받쳐 주는 것을 보니 아마 빨간색이 BeautifulConcept의 메인 컬러인가 보다.

사실 카페는 인테리어도 중요하지만 커피의 맛이 훌륭하지 않다면 재방문할 가능성은 10%로도 채 안 된다고 볼 수 있다. 그 이유는 세상에는 너무나도 많은 커피샵이 존재하기 때문. 예쁘고 아기자기한 커피샵이 넘치는 서울과 마찬가지로, 길을 걷다 보면 5분 간격으로 카페를 발견할 수 있는 상하이에서 한 달에 한 번 꼴로 이곳을 방문했으니 커피 맛 또한 훌륭했다고 말할 수 있겠다.

Chapter 10

상하이에서 브런치 즐기기

Shanghai
#Onthetable

홍콩 영화를 즐겨보진 않지만 영화에서 나올 법한 홍콩식 브런치에 대한 로망이 있었다. 시끌벅적한 분위기에 허름한 가게 내부에는 원형 테이블과 자리를 메운 사람들로 가득 차 있고, 테이블 위에는 흰색에 빛바랜 빨간 문양이 화려하게 그려진 플라스틱 접시들이 정신없이 놓여져 있는. 여기에 포인트는 밀크티와 홍콩식 토스트다. 아마 나의 이 로망을 간단하게 한 단어로 요약하면, **차찬텡**(茶餐廳)일 것이다.

사실, 어느 체인 레스토랑의 이름인 줄로만 알았던 '차찬텡'은 밀크티와 토스트, 마카로니 수프, 페이스트리, 국수 등을 곁들여 먹는 홍콩을 대표하는 서민 식문화를 뜻하는 단어라고. 상하이에도 이러한 나의 로망 차찬텡을 제대로 즐길 수 있는 곳이 있다 하여 찾아간 곳은, **Cha's Restaurant**.

주말의 이른 점심시간에 가서 원형 테이블을 하얀 플라스틱 그릇으로 가득 빼곡히 채우는 것이 나의 로망이었기에, 상하이에서 늘 나의 금요일을 책임져 주었던 어여쁜 동생과의 암묵적 동의로 이루어진 매주 금요일 점심약속을 토요일로 미루어 함께 방문했다. 어느 시간에 가

도 늘 기다리는 사람들로 긴 줄이 있다는 소리를 익히 들어 잔뜩 겁을
먹었지만, 조금 이른 시간에 방문하여 생각보다 빠르게 자리에 착석할
수 있었다.

　따뜻한 밀크티를 시작으로, 콜드디쉬인 **Poached Chicken in Soya
Sauce and Rose Wine**(玫瑰豉油雞), 어디서든 안전한 선택인 **Sweet
and Sour Pork**(菠蘿咕嚕肉), **Scallion Ginger Fried Pork Cutlet over**

Instant Ramen Noodle, 멘보샤 그리고 절대 빼놓을 수 없는 **Pineapple Buns**(波蘿油)를 주문했다. 마치 홍콩 영화 속에 있는 듯한 느낌에 벅차오르는 감정을 주체하지 못하고 나는 이곳저곳 사진을 찍으며, 이른 점심을 즐기고 있는 부지런한 사람들을 구경했다.

주문한 디쉬들이 하나 둘 나오고, 일주일 동안 서로에게 벌어진 근황 토크를 즐기며 식사를 시작했다. Poached Chicken은 부드러운 껍질과 살코기에 소스가 촉촉하게 배어 에피타이저로 입맛을 북돋기에 탁월한 선택이었고, Sweet and sour pork는 모두가 예상하는 그 맛이나 꽤나 바삭한 튀김옷이 기억에 남는다. 가장 기대를 많이 했던 Pork cutlet over instant ramen noodle은 정성스럽게 만든 불량식품 맛이었는데 세상의 모든 불량 식품이 그렇듯 맛은 역시나 엄지척.

이곳은 다른 평범한 음식점들과 달리 새벽 두 시까지 운영되는데, 만약 한국이었다면 아마 이 정성스런 불량식품 맛을 잊지 못해 술 마시고 집에 가기 전 종종 들러 나의 튼실함에 칼로리를 더해주지 않았을까.

후식으로 먹은 Pineapple buns는 그날 나의 행복감의 정점을 찍어주었는데, 하나의 반전을 말하노라면 이름과는 달리 Pineapple buns에 파인애플은 들어가지 않는다. 고작 소보로와 비슷한 빵 사이에 두툼한 버터를 끼워 넣은 것이 전부인 이 메뉴는, 먹어보지 않은 자는 결코 느낄 수 없는 소박하지만 확실한 행복을 전해준다. 아, 이것의 이름이 파인애플번인 이유는 위의 그 소보로 같은 단면이 파인애플처럼 보인다 하여 붙여졌다고 한다.

나와 같이 홍콩 영화 속 '차찬텡'에 대한 로망을 가진 자가 있다면,

상하이에서 자그마한 홍콩을 느껴보는 것도 나쁘지 않을 것이다.

왠지 모르게 미국으로 돌아간 것만 같은 느낌을 느끼게 해준 두 번째 브런치 플레이스, **Egg**. 올 데이 브런치 플레이스인 이곳에 오면 한적한 어느 프랑스 조계지 골목에 있어서인지, 아님 서양인 언니가 주문을 받아서인지(실제로 방문객들 또한 거의 상하이에 거주하는 서양인들이다), 미국 대학 생활 중 주말이면 늘 방문했던 피츠버그의 한 힙스터 동네 로렌스빌에 어느 한 카페에 있는 것만 같은 느낌을 준다.

하얗고 하얀 인테리어에, 자그마한 다락방 형식의 2층 그리고 원목 테이블과 의자가 전부인 이곳은 편안하고 안락한 분위기에 커피와 브런치를 즐길 수 있는데, 이름대로 모든 메뉴에 계란을 추가할 수 있다. 계절에 따라 메뉴가 자주 바뀌는 편인데, 내가 이곳에서 즐겨먹은 메뉴는 여러 가지 곡물과 에다마메 콩, 오이 등 각종 야채, 수란 그리고 feta 치즈가 들어간 **Greens+Grains Bowl**. 여기에 사이드 메뉴인 **The Chili-candied Bacon**을 함께 시켜 먹으면 다 된 건강식에 재 뿌린 나만의 해피밀이 완성된다.

나는 밖에서 먹는 샐러드를 굉장히 좋아하는데, Egg의 greens+grains bowl은 풀만 가득해 먹어도 간에 기별도 가지 않는 샐러드가 아닌 일반적으로 생각할 수 있는 갖가지 녹색의 식재료들이 모두 들어간 포만감 넘치는 메뉴이다.

TMI #5　　　여기서 집이 아닌 밖에서 먹는 샐러드인 이유는, 들어간 재료

가 많아야 하기 때문에. 미국에서 학교 다닐 때 나는 평일 점심이면 주로 샐러

드 바에서 샐러드를 사먹었는데, 이때 종종 영상통화를 하던 나의 친구는 거침

없이 뱉어내는 나의 토핑 추가에 지금껏 내가 피자를 시켜 먹는 줄 알았다고

Shanghai
#Onthetable

상큼한 소스가 버무려져 있으나 자극적이지 않고 재료 본연의 맛을 느낄 수 있는 디쉬이기에 자칫 심심할 수 있으니, 여기에 강력한 킥을 한 방 날려줄 수 있는 베이컨을 주문하는 것이 나의 꿀팁. 짭짤한 베이컨에 매콤달콤한 칠리소스가 카라멜라이즈된 아주 자극적인 맛의 The chili-candied bacon이 바로 그것. 재료 본연의 맛을 즐기다가 자극적인 무언가가 필요할 때쯤 베이컨을 한 조각 먹으면 아름다운 조화가

이루어진다.

사실 맨 처음 방문에서는 인스타그램에서 본 **아보카도 토스트**의 비주얼에 반해 아보카도 토스트를 주문하였으나, 토스트 위에 발라진 야박한 아보카도의 양을 맛본 뒤로는 다시는 시키지 않았다고. 이곳에는 브런치 메뉴 말고도 다양한 음료와 달다구리가 준비되어 있는데, 더운 여름에 즐기는 **Coconut cold brew**가 의외의 별미다. 달달한 코코넛 워터에 콜드 브루 원액이 들어가 갈증이 한 번에 해소되는 느낌.

동방명주탑을 바라보면서 먹는 세련된 미슐랭 가이드 선정 딤섬 브런치를 즐기고 싶다면 주저하지 말고, **Hakkasan**. 하카산 그룹은 내가 가장 좋아하는 광동식 요리 체인이다. 내가 가본 곳은 상하이와 뉴욕 지점뿐이지만, 런던(본점), 아부다비, 뭄바이, 두바이, 도하, 샌프란시스코, 라스베가스, 베버리힐즈 등 세계 곳곳에 위치해 있다. 일반적으로 생각하는 중국집의 느낌과는 달리, 세련되고 현대적인 분위기로 어쩌면 칵테일 바가 생각나는 듯한 인테리어가 특징인데, 상하이 지점의 특징은 바로 창가 쪽 좌석에 앉으면 동방명주탑이 보인다는 것.

주말이면 **Hakka Bund weekend brunch**를 즐길 수 있는데, mocktail, 차 혹은 샴페인 그리고 디저트와 함께 즐기는 세트메뉴 등이 있고 단품 메뉴 또한 준비되어 있다. 하가우, XO Scallop dumpling 등 딤섬 집에서 기본적으로 시켜야 할 메뉴들이 있지만(이곳도 예외는 아님), 특별히 추천하고픈 메뉴들을 몇 가지 골라보았다.

첫 번째는 바로, **Crispy Beancurd Prawn Cheng Fun**(脆皮虾肠粉).

Cheng fun은 내가 상하이에 온 뒤로 딤섬 먹을 때면 늘 시키는 메뉴인데, 얇고 쫄깃한 쌀국수 면에 새우 혹은 다른 주인공이 롤처럼 말아진 음식이다. Crispy Beancurd Prawn Cheng Fun은 정말이지 바삭한 튀김 옷을 입고 있는 새우가 안에 들어가 있는데, 소스를 듬뿍 적셔 먹으면 쫄깃한 피와 바삭한 튀김이 만나 맛이 일품이다. 그다음은 바삭하고 기름진 페이스트리 안에 달달한 BBQ pork가 들어간 **BBQ pork puff**. 이것 또한 나의 단골메뉴인데, 조금 더 특별한 메뉴를 원한다면, 사슴고기가 들어간 담백한 **Black pepper venison puff**(黑椒鹿肉酥)도 추천한다. 하나 기억해둘 것은, 다양한 종류의 딤섬은 주말 브런치 타임에만 즐길 수 있다는 점 참고하기.

Chapter 11

아메리카노

언제부터 아메리카노가 좋아졌는지 모르겠다. 분명 나도 그저 멋있어 보이고 싶은 마음에 몇 모금 마시지도 않을 아메리카노를 시켜놓고 결국 목이 말라 다른 음료를 시켜 마시던 때가 있었는데. 아메리카노를 나이의 척도로 사용하자니 터무니없게 들리긴 하지만, 새카맣고 단맛이라고는 눈곱만큼도 없는 아메리카노를 즐겨 마시는 것을 보면 나도 조금은 성숙해진 것 같다.

카페에서 여느 때와 다름없이 따뜻한 아메리카노를 마시며 앉아 있을 때였다. 문득 이런 생각이 들었다. '아메리카노를 즐겨 마시는 현재의 나는 과연 얼마만큼의 성장을 했을까?' 나는 과연 맞은편에 앉아 뜨거운 아메리카노를 홀짝이며 알 수 없는 표정을 짓고 있는 저 아저씨와 같은 어른이라고 당당하게 말할 수 있을까?

어느 순간부터였는지 모르겠지만, 인간관계에 있어 큰 기대를 갖지 않게 되었다. 분명 고등학교에 다닐 때만 해도, 친한 친구가 다른 친구와 가깝게 지내는 모습을 보며 서운해하고, 삐치기도 하며 소유욕을 보이기도 했다. 밤낮이 바뀐 시차에 힘겨워하며 새벽이 되고서야 겨우 잠에 빠졌다는 것을 알면서도 남자친구에게 아침에 전화를 받지 않았다며 무턱대고 화를 내기도 했었다. 어려서, 아직은 서툴러서라는 핑계를 대며 많은 사람들에게 상처를 줬지만, 지금 생각해보면 가장 큰 이유는 내가 인간관계에 지나친 기대와 의지를 했던 것이 아닐까 싶다. 좋아한다는 이유 하나로 나는 그들에게 무조건적인 애정을 바랐고, 그들이 내게 가끔 쓴소리를 할 때면 사실을 부정하며 토라지고는 했다.

나의 기대가 타당한지와는 상관없이, 기대가 컸던 만큼 많은 실망을 했고, 그로 인해 상처를 받기도 했다. 생존 본능의 일부였는지, 나는 나를 갉아먹는 듯한 상처가 싫었고, 이를 최소화하는 최고의 방안을 찾아내었다. 인간관계에 대한 기대를 줄이는 것. 사실 기대를 줄인다는 표현은 적절하지 않다. 내가 하고자 하는 말은 관계에서의 "당연함"을 없애는 것이다. 인간관계에서의 기대는 어느 정도의 당연함을 기본으로 한다. '나의 가장 친한 친구니까, 남자친구니까 혹은 가족이니까 당연히 나를 ~하지 않겠어?' 등 상대방의 어떠한 행동이나 태도를 당연시하는 생각.

나이가 들며 여러 환경에 부딪히고, 많은 사람들을 만났다. 그리고 내가 깨달은 것은 어떤 관계에서도 당연함은 존재하지 않는다는 것이다. 당연히 이 사람은 나를 좋아해야 해, 나를 사랑해야 해 등의 생각은 버려야 한다는 뜻이다. '당연히'라는 생각이 없어지니 상대방에 대한 쓸데없는 기대도 하지 않게 되었다.

모든 이가 날 좋아하지 않아도, 혹여나 인간관계에서 상대방의 온도와 나의 온도가 달라도, 이해하기 힘든 말로 나의 마음을 어지럽혀도

그런대로 그것을 받아들이는 것이 꽤나 담담해졌다. 물론 아직까지도 완벽하게 버리지 못한 관계에서의 당연함 때문에 내 곁의 소중한 사람들을 서운하게 하기도 하고, 다투기도 하지만, 끊임없이 노력하고자 한다(특히 엄마 미안, 헤헤).

언제나 설탕처럼 달콤할 수만은 없는, 가끔은 쓰기도 하고 뜨겁기도 한 있는 그대로의 현실 또는 타인의 행동을 무덤덤하게 받아들이는 일. 쓰디쓴 아메리카노를, 다디단 설탕이나 부드러운 크림 없이도, 무덤덤하게 마실 줄 아는 것과 비슷한 일이 아닐까?

Chapter 12

차가운 도시의
따뜻한 여잔데

뉴욕, 서울, 상하이 내가 좋아하는 도시들은 모두 각자의 목적지를 향해 정신없이 걸어가는 사람들로 가득하다. 유난히 바쁜 도시를 좋아하는 걸까?

 이상하게 나는 침대에 가만히 누워 여유를 즐기는 편이 되질 못한다. 직장생활을 하던 때에는 숨 돌릴 틈 없이 사무실에서 일을 하면서도 거의 매일같이 퇴근시간에 맞추어 친구들과 약속을 잡고는 했었고, 주말이면 점심, 저녁 약속은 기본이며 술 약속까지 하루에 3~4개의 자리를 가기도 했었다.

 바쁜 생활을 즐기는 성격에 직장생활에 대한 보상심리까지 더해져 하루 24시간이 모자라던 때였다. 물론 이런 철인 같은 스케줄을 버틴 내 몸은 나에게 그만하라고 소리치며 육두문자를 날렸을지도 모른다. 나에게 집은 잠을 자는 곳에 불과했으며(엄마는 이런 면에 대해 아주 많이 서운해 하시면서도 늘 나의 몸 상태를 걱정하셨고), 친구들과 퇴근 후 시간을 즐기다가도 아침 일찍 일어나 출근준비를 해야 했기에 잠은 하루 4~5시간으로 버텨야 했다.

만성피로에 시달리면서도 내 자신을 이렇게 빡빡한 스케줄 속에 밀어 넣었던 이유는, 쉴 틈 없이 바쁜 일상 속에서 살아 있음을 느꼈기 때문이다. 피로를 푸는 데에 잠만 한 보약이 없다고들 하지만, 직장생활이란 정해진 일상에 전후로 만나는 새로운 사람들, 새로운 장소, 새로운 음식이 나에게는 활력소였다. 아침에 눈을 뜨면 그 누구보다도 피곤하지만, 오늘은 일하고 이거, 이거를 하겠구나, 누구누구를 만나겠구나라는 생각에 하루를 시작할 에너지를 얻었고, 하루하루 눈을 떠야 하는 스트레스마저 건강한 스트레스로 여기며 생활했다.

이런 나이기에 정신없는 사람들, 매연 뿜는 차들로 가득한 흔히 말하는 '차가운' 도시를 특히나 좋아하는 것 같기도 하다. 하지만 오해는 금물! 나는 차가운 도시의 따뜻한 여자인 것을. 왜 따뜻한 여자인지는 아무도 궁금해하지 않을 테니 괜한 곳에 힘 빼지 않겠다. 그 대신, 차가운 도시에서 따뜻한 여자가 바쁜 도시의 상징인 커피를 즐겼던 카페 몇 곳을 소개하려고 한다.

첫 번째로 소개할 곳은, 나선형 계단의 도시적인 인테리어가 인상적인 **Seesaw Coffee**(Yuyuan Rd.(愚园路)점). Seesaw Coffee는 상하이판 스타벅스로 불리는 유명 커피브랜드이다. 상하이에만 10개 이상의 지점이 있을 정도로 많은 인기를 누리고 있는데, 그중에서 따뜻한 여자의 애정이 담긴 곳은 바로 Yuyuan Rd.점. Yuyuan Rd.점은 감각적인 인테리어가 매우 인상적인데, 상하이 여행 중 마땅히 인스타에 올릴 사진을 찾지 못했다면, 단언컨대 이곳은 최고의 장소가 될 것이다.

지도 앱을 켜고 걷다 보면 목적지에 도착했다고 표시가 뜨나 눈앞에 보이는 것은 어느 주차장. 여기서 당황하지 않고 주차장 안쪽으로 들어서면 카페의 입구를 찾을 수 있다. 주차장 내부에 카페라니 뭔가 굉장히 쾌쾌하고 칙칙할 것 같지만, 카페에 들어서면 높은 유리 천장 덕에 마치 야외에 있는 것 같은 착각이 들 정도의 채광이 들어온다. 무채색 타일의 바닥에 온통 하얀 벽과 이에 대조되는 초록색 식물들. 방콕의 어느 카페에 들어온 것만 같은 느낌도 드는데, 가장 눈에 띄는 것은 바로 중심부에 있는 나선형의 계단이다. 이 계단은 건물의 2층과 연결되어 있는데, 2, 3층에는 여러 회사 사무실들이 입주해 있어 실제로 평일에는 근무 중인 회사원들로 분주한 위층이다. 이곳에서 감각적인 사진 한 장을 남기고 싶다면, 입구에서 계단을 찍는 것도 좋지만, 2층으로 올라가 계단에서 내려다보는 카페의 모습을 찍는 것이 바로 꿀팁이다. 사진을 하나 재빠르게 건졌다면 이제 맛있는 커피를 즐길 시간!

다음은, 바쁘고 시끄럽고 정신없는 이 도시에서 섬세하고 정교한 일본식 핸드드립 커피를 즐길 수 있는 **Rumors Coffee**(魯馬滋咖啡). 위치는 두 군데가 있으나, 제대로 된 분위기를 느끼고 싶다면 프랑스 조계지 어느 주택가 Hunan Rd.에 위치한 지점을 추천한다. 세로로 된 원목으로 장식된 외관에서부터 일본풍 분위기가 물씬 느껴지는 이 자그마한 공간은, 카페 내부로 들어가는 순간 일본에 온 것 같은 착각을 들게 만든다. 빨간 벽과 채도 높은 조명, 그리고 한쪽 벽을 가득 채운 원두가 담긴 유리병들. 드립커피만을 고집하는 카페답게 이곳의 바리스타는 천

천히 누구보다 섬세한 손길로 커피를 내린다. 공간이 협소하여 일렬로 밖을 바라보고 앉는 자리와 바리스타를 마주하는 바 테이블, 그리고 내부에 몇 안 되는 테이블이 전부인데, 바에 앉아 바리스타와 한두 방울씩 떨어지는 커피를 보고 있으면 이상하게 힐링이라는 단어가 떠오른다. 왠지 모르게 섬세하게 느껴지는 커피 맛을 즐기며 멍하니 혼자 이런저런 생각을 하다 보면, 바쁜 일상 속에서 잊고 지내던 여유를 되찾는 느낌이 들어 참 좋아했던 곳이다. 참고로 Rumors Coffee는 고즈넉한 위치와는 어울리지 않게 많은 이들이 방문하는 곳으로, 이곳에서 위에 말한 힐링을 즐기려면 사람이 비교적 없는 오전 시간대를 노리는 것이 좋다.

마지막으로 차가운 도시의 따뜻한 여자가 추천하고 싶은 곳은 밤에 즐기는 커피라고 할 수 있는 칵테일과 위스키를 파는 speakeasy 바, **Speak Low**. 따뜻한 도시여자라는 타이틀과 걸맞게(내가 붙였지만) 나는 위스키를 참 좋아한다. 위스키를 좋아하게 된 건 사실 그리 오래되지는 않았는데, 때는 바야흐로 2년 전 일본 유명 바텐더 요시후미 츠보이상 이 헤드 바텐더로 청담동에 **폴스타**라는 위스키 바를 갓 오픈하여 인기 몰이를 하던 때에, 오랜 친구와 술 약속을 이곳에서 잡은 적이 있었다. 여러 종류의 칵테일을 마시던 중, 친구는 츠보이상에게 위스키 한 잔을 주문하고 한 모금 음미하더니 세상 의미심장한 미소를 지었었다. 옆에 계시던 다른 바텐더분에 의하면 그 위스키는 1970년대에 나온 빈티지 조니워커 블랙라벨. 매우 희소성 있는 위스키로 위스키에 대한 지식이 전혀 없는 나에게는 친절하게 올드 빈티지 와인에 빗대어 설명해주셨 다. 위스키는 입에도 안 대는 나라는 걸 알지만 친구는 굳이 한 모금만 마셔보라며 재차 요구하였고, 희귀한 위스키라는 말에 못 이기는 척 한 모금 목구멍으로 넘겨버렸다.

세상에, 독하고 역하게만 느껴졌던 위스키의 향과 맛은 묵직하게 입 안에서 눈 내리듯 녹아 내렸고, 식도를 타고 내려가는 따뜻한 부드러움 은 가히 중독적이게까지 느껴졌다. 그날 친구가 주문한 그 니트 잔은 내가 몽땅 비워버렸고, 그날 이후로 위스키에 대한 거부감 또한 마법처 럼 사라지게 되었다.

그러던 참, 상하이에서 찾은 상하이 최초의 speakeasy 스타일 바. 그 유명한 뉴욕 맨하튼의 **Angel's Share**의 헤드 바텐더인 고칸 싱고가 오

픈했다고 한다. Speakeasy 바답게 이곳의 주소에 노착하면, 간판은커녕 술조차 찾아볼 수 없다. 그 대신, 셰이커, 핀셋, 칵테일 전문 서적 등이 있는 Ocho라는 바 전문용품점이 위치해 있는데, 처음 방문하는 사람 이라면 여기가 아닌가 하고 헷갈릴 수 있다. 분명히 지도상 위치는 틀 림없이 여기지만, 술을 팔고 바텐더가 있어야 할 이곳에는 바와 관련된 용품만 진열되어 있으니까. 하지만 제대로 된 speakeasy 바에 한 번이라 도 방문해본 사람은 알 것이다. '지금부터 게임시작이구나' 마네킹의 손 가락이 무얼 가리키는지 주의 깊게 보도록 하자!(드르륵)

비밀통로를 통해 2층으로 올라가면 드디어 바가 나오는데, 공간이 협소하여 주말이면 사람들로 가득 차 바 테이블이며 몇 안 되는 2인용 테이블이며 모두 가득 차 서서 즐기는 사람들도 있다. 3층 또한 Speak Low의 공간인데, 3층으로 올라가면 조금 더 차분하고 고급스런 분위기 를 즐길 수 있다(메뉴 또한 차이가 있다). 하지만, 이 3층에 올라가기 위해 서도 비밀을 풀어야 한다는 거.

마치 게임의 파이널 스테이지 같은 이곳에서 나는 고칸 싱고의 칵테 일을 맛볼 수 있었다. 내가 선택한 칵테일은 이곳의 이름이자 시그니처 인 **Speak Low**. 화려한 다른 칵테일에 비해, 투명 유리잔에 정사각형의 얼음 하나 그리고 함께 나오는 다크 초콜릿 두 조각이 다인 이 칵테일 은 다소 투박해 보일 수 있지만, 고칸 싱고에게 바카디 컴패티션 챔피 언 타이틀을 있게 한 바로 그 칵테일이다. 채에 여러 번 걸러 말차 특유 의 떫은 맛은 사라지게 하고 아주 부드러우면서도 달콤한 셰리와 함께 감싸 어우러져 아름다운 조화를 이루었다. 역시나 이날의 마무리도 위스키.

바에서 싱고상과 이런 저런 이야기를 나누다가 들은 바로는 Speak Low에는 또 하나의 비밀의 공간이 존재한다고. Employees Only라는 표시로 막아진 곳의 검은 커튼이 걷히면 4층으로 올라가는 계단이 나오는데 Storage라는 이름의 방이 나온다. 이곳의 문을 열면, 초대된 멤버들만이 즐길 수 있는 Japanese style whiskey lounge가 준비되어 있다고 한다. 상하이에 좀 더 오래 거주해서 고칸 싱고와 친분을 쌓았더라면 초대받을 수 있었을까 헛된 망상을 해보며.

작년 고칸 싱고는 상하이에 **Sober Company**라는 Sober Café(카페), Sober Kitchen(레스토랑), Sober Society(바)가 한곳에 더해진 복합 공간을 오픈했다고 하니, 상하이 여행을 앞두고 있다면 꼭 한번 방문하시길!

Chapter 13

어디까지 얼마만큼 힙해봤니?
II

Shanghai
#Onthetable

상하이에서의 학기를 끝내고, 한국에 돌아온 지도 어느덧 2년이 지났다. 그 사이 상하이는 새로운 레스토랑, 카페 등과 함께 힙한 도시로 한층 더 성장해 있었다. 상하이에서 생활할 무렵 즐겨 갔던 한 유명 베이커리는 유통기한이 지난 밀가루의 사용이 적발되어 문을 닫았고, 주말이면 나의 브런치 장소를 전담해준 프랑스 조계지의 어느 크레이프 가게는 문을 닫아 흔적조차 찾을 수 없게 되었다. 그 자리에는 나뿐 아니라 많은 이들의 아쉬움을 달래기라도 하는 듯, 더 힙하고 감각적인 공간들이 새롭게 태어났다. 〈어디까지 얼마만큼 힙해 봤니 I〉의 후속편인 이번 챕터는 상하이 생활 그 후, 재방문 때에 만나게 된 새롭게 탄생한 "newbie"들을 소개하려고 한다.

오랫동안 자리를 지켜온 수많은 멋진 레스토랑과 카페들이 존재하지만, 이들과 경쟁하기 위해 뛰어든 새로운 다이닝 플레이스 세 곳의 신선함은 이전 챕터에 기록된 곳들과는 다른 맛과 멋 그리고 즐거움을 경험하게 해줄 것이다.

가장 첫 번째로 소개할 곳은, 상하이 다이닝 씬의 어벤저스 군단이 뭉쳐 만들어낸 레스토랑 **Highline**. 이곳은 **Le Baron**, **Muse Group** 그리고 **Scarpetta & Coquille**의 오너가 모여 만들어진 contemporary American 레스토랑이다. The Ascott Residence의 6층에 위치하여 통유리 너머 멋진 시티 뷰를 즐길 수 있는데, 날씨 좋은 날 테라스에서 상하이의 화려한 야경과 맛있는 음식 그리고 칵테일을 즐기기에 더할 나위 없이 좋은 곳이다. 내가 이곳에서 맛본 메뉴는 **Fried chicken & waffles**.

평소라면 결코 선택하지 않았을, 이름만 보아도 살이 찌는 듯한 이 메뉴를 선택한 이유는 바로 내가 상하이에서 생활할 때에, 바이블처럼 믿었던 한 블로거의 글 때문. 이곳을 3번 방문한 그녀는 매번 다른 메뉴를 맛보았는데, 이곳에서 꼭 먹어야 하는 메뉴 중 하나로 chicken & waffles를 꼽았다. 맛이 없을 수가 없는 조합의 뻔하디뻔한 이 메뉴가 어떻게 그녀의 손에 꼽혔을까 궁금했다. 바삭한 튀김옷을 입고 있는 부드럽고 육즙 가득한 치킨. 여기까지는 여느 브런치 가게에서나 접해볼 수 있는, 대한민국에서라면 전화 한 통으로 집에서도 즐길 수 있는 치킨일 것이다. 그러나 반전은 케이준 스파이스가 섞인 반죽의 와플이었다. 기존에 맛보았던 chicken & waffles는 단짠에 몰입한 나머지, 팬케이크의 영원한 라이벌이자 우리에게 익숙한 달달한 와플과 함께 나오는 것이 대부분이었다. 하지만 케이준 스파이스가 섞인 반죽의 와플은, 와플 자체만으로도 또 다른 치킨을 맛보는 듯했다. 거기에 함께 나오는 메이플 베이컨 버터는 따로 리필해서 집에 가져가고 싶었을 정도. 달달한 메이

플향에 스모키하고 찝찔한 베이컨 맛이 배어 있는 따뜻한 버터는 치킨과 와플에 감칠맛을 더해주는 데 훌륭한 역할을 했다. 집에서 시켜 먹는 치킨은 지겨우나, 잊을 수 없는 그 맛이 날 자꾸 유혹할 때, 주저 없이 Highline으로 향할 것이다. 치킨은 언제나 옳으니까.

귀여운 이름에 반해 시키게 된 **Taking care of biscuits** 또한 나의 추천 메뉴. 치킨에 비스킷이라니, 이 고급스런 레스토랑에서 KFC의 냄새가 느껴지는 건 독자의 기분 탓일 것이다. 브런치 가게에서 흔하게 찾을 수 있는 에그 베네딕트를 변형시킨 이 메뉴는, 잉글리시 머핀 대신 버터밀크향 뿜뿜하는 비스킷이 있고, 매콤하고 바삭하게 구워진 pork jowl(돼지의 목살. 볼살)이 수줍게 올라가 있다. 그 위에는 에그 베네딕트에서 결코 빠질 수 없는 수란 그리고 홀랜다이즈 소스가 장식한다. 치킨과 비스킷의 아름다운 조화를 아는 사람이라면, 이 조합 또한 사랑하지 않을 수 없을 것. 비스킷과 치킨보다 더 크리스피하고 기름진 pork jowl 그리고 수란이 만나 하나의 세트처럼 입안에 사르르 녹아들 것이다. 뉴욕의 Highline까지는 모르겠지만, 미국이 절로 생각나게 하는 이곳의 메뉴들은 완벽한 guilty pleasure를 제공한다.

프랑스 조계지에서 많은 이들의 사랑을 받다 사라진 한 크레이프 가게의 부재를 위로하는 듯 어느 날 갑자기 나타나 1년이 넘도록 여전한 인기를 누리고 있는, **RAC Coffee & Bar**. 회백색의 시멘트벽과 진한 초록색의 커다란 창틀이 인상적인 이곳에서의 must try 메뉴는 당연 **Far West galette**.

사실 Far West는 앞에서 언급한 사라진 크레이프 가게의 이름이다.
유통기한 지난 밀가루를 사용해서 파동을 일으킨 베이커리 **Farine**에서
함께 운영하던 카페였던 **Far West**는, 이 일이 터지면서 Farine과 함께
문을 닫게 되었다. 메뉴 이름에서부터도 그러하지만, 비주얼과 맛 또한
Far West의 **savory galette**를 그대로 옮겨놓은 듯한 메뉴이다.

사면은 바삭한 메밀전병으로 덮여져 있고, 판체타(두툼한 베이컨이라고

생각하면 되겠나)와 계란, 치즈, 버섯 그리고 크림으로 안이 채워져 있는 이 갈레트는, 국내에서 일반적으로 먹는 달달한 디저트 크레이프가 아닌 식사대용으로 즐길 수 있는 메뉴. 주문한 갈레트가 나오면 재빠르게 사진을 찍고, 크림에 의해 겉면의 메밀전병이 눅눅해지기 전 노른자를 터뜨려 한 조각 잘라 입에 넣어야 한다. 바삭한 메밀전병과 짭조름한 판체타와 치즈, 그리고 부드러운 버섯과 크림이 한데 모여 완벽한 조화를 자랑한다. 여기에 느끼함을 잡아줄 따뜻하고 진한 라떼 한 잔이라면, 초록색 창틀 밖으로 보이는 거리가 프랑스인지 중국인지 헷갈릴 정도. 갈레트와 라떼는 이 사진 한 장으로 모든 것이 설명된다. 더 이상 무슨 말이 필요한가.

마지막으로 소개할 힙플레이스는 닳도록 애정하는 샌드위치 가게 **Madison Kitchen**의 쉐프 Austin Hu가 새로 연 "상하이 스타일" 아메리칸 다이닝 플레이스 **Diner**이다. 상하이 생활 중에서 가장 많은 애착을 가졌던 Madison Kitchen의 쉐프가 새로 문을 연 레스토랑인 만큼, 이곳에 대한 나의 기대는 매우 컸다.

사실 아메리칸 다이닝에 대해 내가 알고 있는 것은 한국의 브런치 카페 메뉴에서나 볼 법한 디쉬들이 전부이지만, Madison Kitchen에 대한 의리를 지키기 위해 어느 금요일 런치를 예약했다. 가장 먼저 눈에 들어온 메뉴는 바로 **gold standard pancakes**. 이번에도 '뻔하디뻔한 아메리칸 브런치 메뉴 아닌가?'라고 생각할 수 있겠지만, 페레로 로쉐 청크가 들어간다는 메뉴 밑줄 설명을 읽고 나는 이미 마음의 결정을 내린

상태였다("chunk"라는 단어가 왜 이렇게 매력적이게 느껴지는지. 아이스크림 혹은 잼을 고를때도 나는 크리미한 유형보다는, 씹히는 땅콩 조각 혹은 초콜렛 조각이 들어간 크런치, 청크 종류를 선호하는 편이다).

마침 평소보다 당이 땡기는 날이라는 핑계 아닌 핑계를 대며 단호한 목소리로 팬케이크 주문에 성공. 헤이즐넛 버터와 크리스피 베이컨, 튀긴 바나나 그리고 대망의 페레로 로쉐 청크가 흩뿌려진 팬케이크는 예상했던 대로 폭발적인 비주얼을 뽐내며 등장했다. 구름같이 폭신한 식감의 팬케이크는 내가 과음을 한 다음 날이면 종종 집에서 만들어먹는 야매 머랭 펜케이크와는 차원이 다른 부드러움을 자랑했고, 헤이즐넛 버터의 풍미와 베이컨과의 단짠 조화는 나의 입가에 미소를 짓게 했다. 쉐프가 표현하고자 하는 상하이 스타일이 과연 무엇인지 아직 나는 정확하게 알지 못하지만, 이곳의 메뉴판을 보며 느낀 점은 쉽게 접할 수 있는 디쉬들에 자신만의 트위스트를 넣어 결코 뻔하지 않은 음식들을 만들어내고 있다는 것이었다. 기회가 생긴다면 돌아가 다른 메뉴들을 먹어보고 싶다는 작은 소망을 얘기하며, 그의 작은 샌드위치 가게의 소녀팬은 이만 여기에서 이야기를 마치겠다.

Chapter 14

커피가 지겨울 땐

Shanghai
#Onthetable

하루도 빠짐없이 매일 커피를 마신다. 매일 아침 일어나 요거트와 그래놀라를 먹은 뒤 따뜻한 커피 한 잔을 마시고, 카페에서 친구들을 만날 때에도 나의 선택은 따뜻한 아메리카노 혹은 차가운 아메리카노, 그리고 가끔 플랫화이트(메뉴에 코르타도가 있다면, 무조건 코르타도), 대개 이렇게 커피라는 스펙트럼 내에서 머무는 편이다. 하지만, 왠지 모를 감성에 젖어 커피가 아닌 다른 음료를 주문하고 싶을 때가 있다. 특히나 차(茶)의 나라 중국에서 그 빈도는 더 잦았던 것 같다.

사실 이곳을 방문한 날은 딱히 커피가 마시기 싫었다기보다, 아무 생각 없이 걷다가 우연히 내가 즐겨 읽는 블로그에서 보았던 곳을 발견하여 반가움에 무작정 들어가게 되었다. 이곳의 정체는 바로, **Grooow Juice**(果藪). 사실 어렸을 적에 잠시 잠깐 주스의 맛에 길들여져 살이 무척이나 쪘던 적이 있은 뒤로는, 집에서는 물론이고 밖에서도 주스를 찾아 마시는 일이 없는데 블로그에서 읽은 **dates pumpkin milk**(紅棗南瓜奶)는 나의 호기심을 자극하기에 충분했다. 대추도 좋고 호박도 좋은

데 이 좋은 것 두 개를 섞다니! 이것이야말로 더블 러브 아닌가! 우연히 발견한 이 가게에서 나는 고민 없이 블로그에서 봤었던 dates pumpkin milk를 주문했고, 나의 음료가 만들어지는 동안 찬찬히 가게를 둘러보았다. 자그마한 테이블 두 개와 의자 다섯 개가 전부인 가게는 벽과 바닥이 모두 하얗게 칠해져 있어 깔끔하나, 곳곳에 놓여진 장식품들이 어딘지 모르게 일본스럽기도 하고, 가정적이고 따뜻한 느낌이었다. 아무래도, 계산대에 붙여져 있는 아기 사진이 큰 역할을 했던 것 같다(사장님의 어여쁜 따님 사진이라고). 구경 후 건네받은 나의 우유는 가게 분위기만큼이나 따뜻했다. 사실 달짝지근한 우유 거품의 고구마 라떼 이런 맛을 기대했지만, 음료 자체에서는 거의 단맛을 느낄 수 없었고, 살짝살짝 씹히는 대추와 호박에서 느낄 수 있는 자연적인 단맛에 집중해야만 했다. 자극적인 단맛을 좋아하는 분께는 다른 메뉴를 추천하고 싶지만, 쌀쌀한 어느 가을 날, 속이며 마음까지 따뜻해지는 우유 한 잔이었다고 말하고 싶다.

Shanghai
#Onthetable

TMI #6　　　책을 쓰다 보니 알게 된 사실이지만, 나는 좋아하는 것이 참 많다. 지금까지 이 책을 쓰며 무수히 많은 것들을 참으로 진중하게 좋아한다고 적은 것 같은데, 이번에도 그럴 예정이다. 다 정말 진심으로 아끼고 좋아하니까. 나는 꽃을 굉장히 좋아하는데, 어느 정도로 좋아하느냐면 혼자 길을 걷다 예쁜 꽃이 보이는 족족 사오는 것은 기본, 회사에서 회식이 끝난 어느 날 밤, 길거리 트럭에서 꽃 파는 아저씨를 발견하고는 아저씨가 가지고 계시던 노오란 프리지아 꽃을 모조리 쓸어왔다는. 늘 내 방 한구석에는 꽃들이 가득하곤 했다.

갑자기 나의 꽃 사랑 얘기를 하는 이유는, 프랑스 조계지역 어느 한 오래된 아파트에 위치한 플라워 갤러리 **MAGGIEMAO**(蔓茂花廊) 때문. 이곳에서는 예쁜 꽃들과 함께 차와 디저트를 즐길 수가 있는데, 선반 위, 테이블 위 그리고 바닥 곳곳에 놓여진 꽃들과 공간이 주는 아름다움에 카메라 셔터가 쉴 새 없이 움직일 수밖에 없는 곳이다. 테이블 위에 놓여진 색색 가지의 아름다운 꽃들을 보고 있자니, 금방이라도 꽃꽂이학원에 수강신청을 해야만 할 것 같은 기분까지 들었다. 꽃 외에도 장식장 위의 화병, 작은 그릇 등의 소품들은 하나같이 공간의 아름다움을 더해주었고, '이 공간 그대로 집에 옮겨다 놓으면 좋겠다'라는 생각이 내내 떠나지 않았다. 황홀함에 취해 구석구석 살피다 보면, 모퉁이에 수납공간이 아주 여러 개인 장식장 하나를 발견할 수 있는데, 이 장식장 서랍 속에는 빈티지 주얼리들이 숨어 있다. 그 이유는 바로, 이 공간의 주인 Maggie가 뉴욕에서 액세서리 디자인을 공부하였기 때문.

MAGGIEMAO는 차와 디저트를 즐길 수 있는 카페 외에도 아트 갤러리 공간으로도 활용되고 있는데, 웹사이트를 방문해보면 진행 중인 전시를 알 수 있다. 아, 그리고 사전 예약을 하면 이 아름다운 곳에서 애프터눈 티도 즐길 수 있으니, 이곳을 제대로 즐기고 싶은 분들은 미리 예약하고 방문하시길. 사랑하는 사람과의 동행이라면, MAGGIEMAO의 꽃다발도 함께 준비하는 센스까지 발휘해보는 건 어떨까? 사랑이 폭발하는 하루를 보낼지도 모르겠다.

마지막으로 소개할 곳은, 하늘색 다기가 인상적인, 상하이에서 가장 매력적인 찻집, **Song Fang Maison de Thé**(宋芳茶館). 한적한 프랑스 조계지 거리에 위치한 이 찻집은 이름에서도 살짝 눈치챌 수 있듯이 프랑스에서 건너온 한 파리지앵 여성이 차린 찻집이다. 이곳에 대해 이야기하기 전에 파리지앵 오너에 대해 간략하게 말하자면, 패션계에 관심 있는 분들이라면 아실 만한 LVMH(Louis Vuitton Moët Hennessy) 그룹의 임원이자 Veuve Clicquot(뵈브 클리코)의 제네럴 매니저로 중국에서 근무했다고 한다. 그런 그녀가 어느 날 갑자기 중국 문화와 차에 사랑에 빠져 LVMH에서 퇴사하고 그녀만의 찻집을 차리게 되는데. 그렇게 해서 탄생한 곳이 바로 그녀의 중국 이름 Song Fang(宋芳)을 딴, 이곳 Song Fang Maison de Thé이다. 차에 대한 열정이 남다른 만큼 이곳에서는 수십 가지의 중국 전통차와 프랑스 차, 영국 차를 접해 볼 수 있는데, 영국식 차 혹은 프랑스식 차를 주문할 경우 이곳을 상징하는 하늘색 다기에 차를 담아 내오고, 중국 차를 주문할 경우 중국식 전통 다기에 담아

준다.

 건물은 총 3층으로 나뉘어져 있어 1층은 수십 가지의 중국 전통차와 프랑스 차 그리고 예쁜 다기와 액세서리 등을 판매하는 상점으로, 2층과 3층은 다양한 프리미엄 차와 디저트를 맛볼 수 있는 카페 공간으로 운영되고 있다. 개인적으로, 상하이 방문 후 지인들에게 줄 선물을 고민하고 있다면, 이곳에서 빈티지 틴 캔에 들어 있는 차를 추천한다. 차의 맛도 프리미엄이지만, 케이스가 예뻐 다 먹고 나서도 여러 가지 용도로 활용 가능하기 때문. 물론 가격은 일반 차에 비해 조금 사악한 게 단점이다. 각 층마다 벽과 진열장에 올려져 있는 빈티지 틴 케이스를 구경하는 재미가 아주 쏠쏠한데, 카페공간으로 올라가면 보이는 너무나도 중국스러운 빨간 꽃무늬 소파가 화룡점정이라고 할 수 있다. 3층에 올라가 볕이 가장 잘 드는 창가 자리에 앉아 창밖을 바라보던 것도 잠시 하늘색 다기에 뜨거운 차가 담겨져 홈메이드 초코 케이크와 함께 나의 테이블을 찾았다. 향긋한 차 한 모금에 꾸덕한 초콜릿 케이크. 환상의 조화가 아닐 수 없었다. 여유로운 오후. 따뜻한 햇살. 이 두 단어가 떠오르는 날이라면, Song Fang Maison de Thé를 찾도록 하자.

Chapter 15

우연한 행복

장마와 무더위가 기승을 부리던 여름, 그리고 가을이 지나 상하이에
도 겨울이 찾아왔다. 기온이 40도까지 오르는 살인 더위를 보여줬던
여름과 마치 경쟁이라도 하듯, 상하이의 겨울 또한 매서운 추위와 함
께 시작되었다. 이놈의 화끈한 도시. 더울 땐 미치도록 덥고, 추울 때
면 시리도록 추운. 날씨도, 사람도, 음식도 밍숭맹숭하고 잔잔한 것보
다는 모 아니면 도인 확실하고 화끈한 성격이 좋은 나는 이래서 상하
이가 좋은가 보다.
기숙사 아파트 계단을 내려와 문을 열자마자 얼음같이 차가운 공기가
콧속으로 들어와 온몸의 세포를 깨웠다. 비록 추위에 한없이 약해지
는 나지만, 길을 나서자마자 마주친 금색 새끼고양이에 금세 기분이
좋아졌다. 고양이에게 인사를 하고, 귀에 꽂은 이어폰에서 흘러나오는
멜로망스의 노래를 들으며 룰루랄라 길을 나섰다. 오늘은 왠지 모르
게 기분 좋은 하루가 될 것 같은 느낌.
며칠 전 징안에 위치한 Plaza66몰에서 구입한 신발을 교환받기 위해
같은 곳으로 향하는 길이었다. 그 이유는, 큰 맘 먹고 비싼 가격의 쪼

리를 구매했는데, 어처구니없게 하루 만에 발가락 거는 중심 부분이 찢어진 것. 매장 측에서도 어이가 없었는지 흔쾌히 새 상품으로 교환을 해준다 하여 재빠르게 몸을 움직였다. 징안쓰역 6번 출구로 나와 내가 좋아하는 징안의 난징시루 길을 쭉 걸었다. 이 길을 걷다 보면, 해외 유명 패션 브랜드의 으리으리한 매장들부터 자그마한 갤러리, 그리고 작고 예쁜 공원까지 지나가게 되는데, 유독 서양인들이 많아 상하이가 아닌 유럽 혹은 미국에 있는 듯한 기분이 든다. 타지에서 머무는 중임에도 익숙함에 속아 외국이라는 것을 잊고 있을 때가 많은데, 이곳에서는 나 또한 여행객이 된 것 같아 괜스레 설레기도 하고, 왠지 모를 여유로움에 기분이 좋아진다.

아무런 문제없이 새 신발로 교환받고 어슬렁거리며 근처를 돌아다니던 중 지나치게 정직한 나의 배꼽시계는 저녁 먹을 시간이라며 떼쓰기 시작했다. 평소 같았으면 출발하기 전 미리 계획한 대로 인스타그램 혹은 블로그에서 찾아 놓은 맛집으로 발걸음을 향했겠지만, 오늘은 오로지 신발 교환만 생각하고 나온 터라 쉽게 발을 떼지 못했다. 하나 생각해놓은 것이 있으면 무조건 해야 하고, 생각나는 음식이 있다면 무조건 먹어야 하지만, 의외로 종종 심각한 결정장애의 모습을 보일 때가 있다. 이럴 땐, '아몰랑'이 최고. "아몰랑" 나지막이 한 번 외쳐주고 그냥 아무 생각 없이 앞에 보이는 길을 따라 걸었다. 7분 정도 길을 따라 걷다 보니 어디서 많이 본 듯한 간판이 눈앞에 있었고, 그곳은 신기하게도 몇 주 전 규카츠가 너무 먹고 싶어 인스타그램을 뒤적이다 가보려고 스크린샷을 찍어놓은 일본 라멘집이었다. 해가 저물며 심해지는 추위에 어디로든 들어가고 싶다는 생각뿐이었는데, 따뜻한 가게에서 내가 먹고 싶었던 규카츠를 먹을 수 있다니. 뜻밖의 발견에 너무 기뻐서 냅다 들어갔더니 웨이팅도 없는 데다, 남아 있는 자리는 바로 아무런 부끄럼 없이 혼밥을 즐길 수 있는 일인용 테이블. 물론 그동안 수많은 경험을 쌓아온 프로혼밥러에게 앉는 자리는 아무런 의미가 없지만, 더 편한 마음으로 몸을 녹이며 식사를 할 수 있겠구나 생각되어 기뻤다. 라멘 냄새가 가득 풍기는 이곳에서 추위에 떨다 지친 내 몸을 녹이며 행복함을 느끼던 찰나, 주문한 규카츠와 생맥주 한 잔이 나왔다. 바삭한 튀김 옷 안에 수줍은 듯 레어로 익혀진 소고기는 역시나 맛있었고, 거품이 아직 살아 있는 생맥주의 첫 모금은 추위 속 피로를 싹 씻어 내려주는 듯했다. 날씨 좋은 날 규카츠를 먹기 위해 일부러 찾아갔어도 맛은 있었을 테지만, 추위에 떨다가 우연히 발견해 더더욱 좋은 기억으로 남은 음식점.

그 후에도 우연한 행복은 계속되었다. 음식점에서 나와 역으로 돌아가던 길, 어둑해진 징안의 거리는 크리스마스 전구가 달린 나무들로 환하게 비춰지고 있었다. 크리스마스를 2주 정도 앞두고, 전구들로 예쁘게 장식된 거리는 그리운 서울의 어느 거리보다 더 예뻤고, 걸어다니는 사람들의 입가엔 미소가 끊이지 않았다. 그 순간만큼은 크리스마스에 혼자라는 슬픔도, 칼바람이 부는 추위도 모두 잊혀진 채 행복함에 젖어 길을 걸었다. 아 물론 예쁜 사진 한두 장 정도 남기는 것은 잊지 않았지만.

상하이에서 크리스마스를 맞이하게 될 줄은 상상도 못했었는데, 크리스마스를 맞이하는 것은 물론 나는 이곳에서 언 5개월째 생활하고 있다. 처음엔 수업에 적응하는 것만으로도 벅찬 일이었지만, 지금은 이렇게 소소한 일과 우연에 행복해하며 생활하고 있다. 기분 좋게 집에 돌아왔을 때쯤, 같은 스위트를 공유하는 기숙사 친구가 내 방문을 똑똑 두드리더니 인기가 많아 편의점에서 쉽게 구할 수 없는 대추맛 요거트를 건네주는 것이다(대추맛 요거트에 대해서도 하고 싶은 얘기가 많지만, 이 얘기는 뒤에서 얘기하는 걸로 하자).

아주 사소한 것들이고, 비록 날씨는 매정할 정도로 추웠지만, 그 사소하고 우연한 것들이 모여 오늘 나의 하루를 완벽하게 만들었다.

Chapter 16

여행에도 일요일이 필요해

Shanghai
#Onthetable

폭풍 같은 한 주의 끝자락에 언제나 그 자리에 기다리고 있는 일요일이 얼마나 고마운지. 학교생활 중에도, 직장생활 중에도 그리고 여행에도 일요일은 꼭 필요한 오아시스 같은 존재다. 이름만으로도 나른하고 여유로운. 더 많은 것을 눈에 아이폰에 카메라에 담고, 더 많은 먹거리를 먹어보고, 상하이의 곳곳을 체험하고 오래도록 기억하기 위해 얼마나 애써 왔는가. 그 기간이 3일이 되었든, 일주일이 되었든, 여러 달이 되었든 오늘만큼은 일요일의 여유를 즐겨보기로.

　바로 그때, 침대에서 뒤척이다가 생각난 건 크림치즈 듬뿍 발린 베이글.

　고등학교를 다닐 때에, 기숙사에 살았던 나는 날씨 좋은 일요일이면 일찍 일어난 친구 몇 명과 함께 동네 유명 베이글 가게에 가서 치즈베이글에 플레인 크림치즈를 듬뿍 얹어 먹고는 했다. 치열했던 여고의 마지막 학년, 내 인생에서 가장 몸무게에 신경을 많이 쓰던 시절이기도 했지만, 아이러니하게도 가장 '돼지력' 넘치는 시절이 아니었나 싶다.

　입시를 얼추 마치고 비교적 여유로웠던 마지막 학기, 다이어트를 해보겠다며 일주일간 레몬 물과 생수만 마시며 버티던 때도 있었다. 그

당시 친구들은 나를 '디톡스 괴물'이라 불렀다. 장난기가 심한 성격인지라 친구들이 놀려도 더 심한 장난으로 받아치는 나인데, 일주일간의 지옥경험은 나의 멘탈을 유리로 만들었는지, 평소 아무렇지 않던 디톡스 괴물이라는 별명이 어느 날 나를 소리 내어 엉엉 울게 만들었다.

하여튼 베이글 얘기를 하다 레몬 디톡스 얘기까지 나오게 됐는데, 여유를 만끽하고 싶은 나의 일요일 브런치 메뉴는 바로 **Spread The Bagel**의 **Fatty Salmon Patty**.

Spread The Bagel은 프랑스 조계지 일대에 위치한 iapm 쇼핑몰 바로 뒤편에 위치해 있는데, iapm 쇼핑몰이 지하철 1, 10, 12호선이 지나는 산시난루역과 연결되어 있어서 찾아가기에 매우 편리하다. 늘 학교와 나를 바깥세상으로 이어주었던 지하철 10호선에 몸을 싣고, 산시난루역에 내려 이곳에 도착했다. 뉴욕 베이글을 무척이나 그리워하던 상하이에 거주하는 한 미국인 강사에 의해 만들어졌다는 Spread The Bagel. 내가 만약 상하이에 더 오래 머물렀다면 비슷한 일이 일어나지 않았을까. 뭐 하나는 차렸을 것 같다. 아니다, 돌아다니고 먹느라 바빴으려나? 메뉴 선정은 이미 오기 전부터 마음의 결정을 내린, 훈제 연어와 허브가 조리된 두툼한 패티와 계란프라이가 들어간 Fatty Salmon Patty 베이글 샌드위치로. 샌드위치에 사용될 베이글은 물론 내가 제일 좋아하는 파마산 베이글! 만약 식사대용이 아닌 가벼운 간식으로 주문을 원한다면, 허니월넛, 할라피뇨 체다, 선드라이드 토마토, 초콜릿칩 등 다양한 스프레드가 준비되어 있으니 제일 마음에 드는 베이글과 스프레

드를 골라 주문해도 간단하지만 결코 간단하지 않은 행복이 찾아올 것이다.

　나의 일요일에 결코 빠질 수 없는 의식 같이 치뤄지는 행사, 바로 마사지. 일요일이면 나의 친구들은 내가 카톡에 답장이 없거나, 전화를 받지 않더라도 궁금해 하지 않는다. 모두 일요일 이른 오후만 되면 내가 어제 마신 술을 후회하며 마사지를 받고 있다는 걸 알기 때문. 처음 중국으로 스터디 어브로드행을 결정한 때에도, 제일 먼저 생각난 것은 중국 마사지였다. 한국보다 비교적 싼 가격에 양질의 마사지를 받을 수 있다는 사실은 나에게 엄청난 메리트가 아닐 수 없었기 때문. 상하이에서 학교생활을 하며 학교 근처 로컬 마사지샵부터, 5성급 호텔 마사지까지 모두 체험해보았지만, 그중에서도 내가 추천하는 곳은 **Green Massage Xintiandi Branch**.

　그린마사지는 상하이 전역 및 베이징에 분점을 가지고 있는 마사지샵 체인이다. 중국 전통 마사지를 보다 세련된 분위기로 즐길 수 있는 이곳은, 고급스러우면서도 깔끔한 인테리어에서 느껴지는 왠지 모를 안락함과 세심한 서비스로 선물 같은 일요일의 정점이 되어주곤 한다. 오일 마사지, 핫스톤 마사지, 페이셜 마사지 등 신체 부위별로 다양한 마사지를 제공하는데, 나는 Chinese Meridian Oil Massage를 추천한다. 그날의 기분, 취향에 따라 아로마 오일을 선택할 수 있다는 재미도 있고, 무엇보다 여행 혹은 일상 중 긴장되어 있던 근육을 완화시켜주는 데에는 아로마 오일 마사지만 한 게 없기 때문. 아로마 오일 향에 취해 반수면 상태

로 90분 마사지를 받고 나면, 남은 여행 일정이 훨씬 수월해질 것이다. 그런 마사지에서 마사지를 받은 후 상하이의 로맨틱 거리 신티엔디의 노천카페에서 커피를 마셔도 좋고, 저녁식사에 와인을 한 잔 곁들이며 일요일을 행복하게 마무리하는 것도 좋지 않을까?

일요일 하면 생각나는 또 다른 곳, 바로 징안에 위치한 **AUNN Café**. 트렌디한 브랜드들이 모두 입점되어 있는 쇼핑몰들이 밀집한 징안은 내가 상하이에서 가장 좋아하는 두 동네 중 하나이다. 다른 하나는 눈치채셨는지 모르겠지만 바로 프랑스 조계지역.

처음 징안쓰역에서 내려 징안이라는 동네를 걸으면서 느꼈던 감정을 아직도 잊을 수가 없다. 마치 한국의 청담동 명품거리를 연상시키듯 거리에는 명품 의류 브랜드샵들과 갤러리들이 줄줄이 있었고, 동네 자체에서 뿜어져 나오는 약간의 위압감은 신선하면서도 매력적으로 다가왔다. 첫 징안 탐방을 다녀온 후, 나는 중국에서 교환학생을 하던 친한 친구에게 연락을 했었는데, 그때의 카톡 내용에 따르면, 나는 징안을 '매력적인 기 센 언니'라고 표현했다.

우연인지 취향인지, 학교에서도 나는 우리가 흔히 말하는 '기가 센' 교수님들과 더 잘 맞았고, 남자를 만날 때에도 인상이 세 보이는 얼굴을 선호하는데(그래서 자칫 사람들은 나쁜 남자 스타일을 좋아한다고 오해하기도 하는데, 늘 말하지만 나쁜 남자를 선호하지는 않는다), 징안 또한 그런 면에서 나에게 호감으로 다가오지 않았나 싶다.

카페를 소개하려다 또 서론이 너무 길어졌는데, 황금빛 지붕으로 징안의 상징적인 랜드마크를 담당하는 징안쓰가 위치한 사거리 바로 건너편에 위치한 AUNN Café는 'all you need now'의 줄임말이다. 넓은 공간에 요즘 유행하는 여느 한국의 핫한 카페들처럼 무채색의 인테리어가 인상적인데, 3D 프린팅으로 만들어진 의자들을 사용하며, 테이블은 모두 재활용품으로 만들어졌다고 한다. 카페 내 기둥 한 면에는 이곳에서 일하는 바리스타들의 라떼아트 사진이 붙어 있는데, 바리스타마다 다른 그림을 만들어내기 때문에, 커피 주문 후에 내 커피를 만들어준 바리스타의 이름이 무엇인지 알아낼 수 있을 듯하다. 날씨가 좋은 날이면, 입구 쪽 벽면의 유리창을 열어 놓는 경우가 많아 앉아서 커피를 마시며 징안의 바쁜 거리를 구경하는 재미도 있지만, 참고로 말하자면 이곳은 테이크아웃 잔이 무척이나 예쁘다.

내가 AUNN Café를 좋아하는 다른 이유는, 바로 2, 3층으로 올라가면 재미난 소품들과 의류를 파는 편집샵 **Wonderfuldept**가 있기 때문. 서울 압구정동에 위치한 퀸마마마켓과 상당히 비슷한 콘셉트다. 펜, 지우개부터 향수, 각종 식기류, 인테리어 소품, 가구 그리고 의류까지 다양하고 재미있는 상품들이 있는 이곳은 징안에 오면 꼭 들리는 곳. 빈 손으로 들어가 꼭 자그마한 것 하나라도 사가지고 나와야 직성이 풀리는 그런 곳. AUNN Café에 방문한다면 2, 3층의 Wonderfuldept는 꼭 구경하도록 하고, 사거리 대각선 방향으로 유명 멀티브랜드 편집샵 **10 Corso Como**도 위치해 있으니, 함께 구경하면 좋을 듯하다.

Shanghai
#Onthetable

마사지와 함께 신티엔디 노천카페, 레스토랑에서 즐기는 일요일 저녁도 좋지만, 징안에서의 즐거운 쇼핑과 따뜻한 국물로 즐기는 몸보신은 어떨까? 징안의 볼거리 많은 쇼핑몰 중 하나인, Reel 백화점의 4층에는 **Qimin Organic Hotpot Market**이라는 훠궈전문점이 있다. 이전에 〈상하이에서 즐기는 프랑스〉편에서 소개한 Green and Safe에서 운영하는 곳으로, 농장에서 유기농으로 키운 채소와 버섯을 제공하는 것이 특징이다. 들어서는 입구에서부터 진열된 신선한 채소와 과일, 육류와 해산물은 레스토랑의 이름처럼 여느 마켓의 분위기를 풍기며, 레스토랑 내부 천장은 빨랫줄에 걸린 옷들로 메워져 있는데, 상하이의 길거리를 걷다 보면 종종 보이는 풍경을 연출한다(물론 길거리에서 마주하는 빨랫줄에는 아주머니, 아저씨의 다 늘어난 속옷들이 널려 있다는 큰 차이점을 잊을 수는 없겠지만). 계절마다 다른 채소가 생산되고 준비되어 있는 해산물과 육류가 다르기 때문에 메뉴판이 수시로 바뀌고, 잡지책처럼 두툼하지만, 푸드 매거진 한 권을 읽는 것처럼 맛깔스러운 사진들과 함께 있어 주문은 어렵지 않다. 베이스인 육수를 선택하고, 훠궈에 들어갈 채소, 육류와 해산물 등을 선택 후 인당 10유엔의 추가 비용을 지불하고 소스바에서 소스를 만들어온다.

여기서 재밌는 것은 다양한 육류와 해산물은 기본이고, 버섯을 주문할 시에는 버섯이 자라난 나무를 통째로 가져다주는데, 직접 버섯을 따서 훠궈에 넣어 조리해 먹을 수 있다는 것. 이보다 어떻게 더 유기농 일 수 있을까? 다양한 에피타이저 메뉴들도 준비되어 있는데, 이 중에서 나는 **Taiwanese red vinasse pork**를 맛있게 먹었던 기억이 있다. 중국

의 일반 훠궈집을 생각한다면 가격대가 다소 있는 편이지만, 이곳의 몸에 좋은 싱싱한 재료들을 생각한다면 아깝지 않을 것이다. 테이블마다 설치된 조리대 위에 육수가 끓을 때쯤 주문한 재료들이 나오고, 친구와 함께 이런저런 얘기를 나누고 있으면 재료들이 익어 훠궈가 완성된다. 따뜻한 국물 한입에 시원한 생맥주 한 모금이면 한 주 동안 혹은 여행 동안 쌓였던 스트레스와 피로가 모두 날아가는 신비한 경험을 할 수 있을 것.

Chapter 17

무더위를 부탁해

Shanghai
#Onthetable

기온이 섭씨 40도까지 올라가는 상하이의 여름은 매우 덥다. 사실 몇 해 전까지만 해도 더위를 잘 타지 않는 나였지만, 요즘 따라 부쩍 더위를 타기 시작했다. 이런 여름이면 생각나는 것이 하나 있는데 그것은 바로 아이스크림. 달다구리라면 눈에서 하트부터 발사하는 나지만, 이상하게도 아이스크림은 그렇게 좋아해본 적이 없다.

꾸덕하고 쫀득한 식감의 브라우니나 쿠키, 혹은 구름처럼 폭신한 케이크, 바삭한 와플처럼 분명한 식감이 존재하는 것을 선호해서인지도 모르겠다. 아이스크림은 어떠한 식감을 느끼기도 전에 모두 입에서 녹아버리니까. 하지만 푹푹 찌는 여름날에는 나 또한 간절하게 아이스크림을 생각할 때가 있다. 누구에게나 있을 법한 그런 날을 위해 상하이에서 먹었던 인상 깊은 아이스크림 가게 몇 곳을 소개하고자 한다.

프랑스 조계지 속 파란색 간판이 인상적인 **Al's Diner. Gracie's**라는 이름의 아이스크림 가게로 시작한 이곳은, 현재 새로운 이름과 함께 아메리칸 스타일 브런치 및 다이닝 플레이스가 되었다.

Shanghai
#Onthetable

레스토랑 내부에 Gracie's Ice Cream이라는 벽 데칼을 간직한 채, 여전히 맛있는 홈메이드 아이스크림을 함께 판매하며 인기를 유지하고 있다. 아이스크림 이즈 뭔들이겠냐마는, 나의 최애 플레이버는 바로 펌킨 스파이스와 흑임자.

Green and Safe를 소개할 때에 밝힌 나의 펌킨 사랑은 파이에서 멈추지 않고 아이스크림까지도 영향을 미친 것. 진한 단호박색의 비주얼부터 잔뜩 기대를 하게 만든 이곳의 펌킨 스파이스 아이스크림은 맛 또한 기대 이상이었다. 아이스크림의 찬 특성상 점잖으면서도 진득한 단호박의 맛을 전달하기에 다소 무리가 있을 거라 생각했지만, 적당히 크리미하면서도 과하게 달지 않은, 단호박의 맛을 딱 알맞게 느끼게 해주었다. 딱 한 가지 아쉬움은, 여느 펌킨 스파이스 메뉴처럼 Al's Diner의 펌킨 스파이스 아이스크림도 계절 한정 메뉴라는 것. 펌킨 스파이스 부재의 아쉬움을 달래줄 구원투수 흑임자 역시 과하게 달지 않고, 한입 맛보는 순간 고소함이 입안을 맴돌아 자꾸만 생각나는 맛이다.

아이스크림은 뭐니 뭐니 해도 콘으로 먹는 게 최고인데, 이곳에는 조금 특별한 콘이 있다. 바로 검은색의 **bamboo charcoal cone**. 수제 와플 콘, 가장자리에 초콜릿과 견과류가 잔뜩 묻은 콘은 이제 좀 식상하지 않은가? 검은색의 신비스런 아이스크림콘을 보자마자 "바로 이거다!" 하고 외쳤으나, 솔직하게 말하면 맛은 일반 콘과 크게 다르지 않다. 다만 내 손에 쥐어진 평범한 아이스크림이 조금은 신비스럽고 시크하게 느껴지는 100% 기분 탓의 효과가 있을 뿐.

두 번째는 88유엔의 블랙 트러플 아이스크림을 맛보기 위해 찾아간 **Prée Ice Cream Lounge**. 3대 진미 블랙 트러플을 안 좋아할 사람 누가 있으랴, 나 역시 트러플 향이라면 자다가도 벌떡 깨는, 몸무게는 1~2 킬로그램 차이에도 눈 하나 꿈뻑 안 하면서 트러플 그램 수 차이에는 많이 민감한 그런 사람. 이런 나이기에 Prée의 블랙 트러플 아이스크림에 대한 소문을 들었을 때, 가만히 앉아만 있을 수 없었다. 그래서 '얼마

나 향기롭고 얼마나 맛있는데?'라는 궁금증이 가득했기에 신티엔디에 위치한 작지만 그 어느 아이스크림 가게보다 고급스러운 인테리어를 한 이곳의 문을 열었다.

'아이스크림 파는 데가 도대체 왜 라운지라는 이름까지 갖게 되었을까' 하는 궁금증은 가게의 바닥에 깔린 타일을 보는 순간 알 수 있다. 사치스러운 블랙 앤 화이트 대리석 느낌의 타일로 이루어진 바닥과 금색 메탈 컬러의 입구와 의자. 누가 봐도 상하이에서 가장 비싼 아이스크림 집이 맞았다.

수십 가지 맛의 옵션이 있는 일반 아이스크림 가게와 다르게, 이곳에는 딱 열 가지의 아이스크림 종류가 준비되어 있었다. 그 무엇 하나 단순한 맛은 없었다. 가장 기본이라 할 수 있는 바닐라 맛은 마다가스카, 멕시코, 타히티산의 세 가지 바닐라 빈을 사용했고, goat milk with manuka honey, England black ale, Bourbon and roasted cherries 등 색다른 종류들로 구성되어 있었다. 워낙 신선한 옵션들이었기에 모두 맛보고 싶었지만, 이성을 되찾고 **black truffle**을 주문했다.

이곳의 아이스크림이 비싼 이유는 물론 신티엔디라는 위치적 요인도 있겠지만, 언 재료들을 아주 곱고 가벼운 무스 형태로 만들어주는 스위스산 하이테크 기계를 사용하기 때문이라고 한다. 주문을 받고 그 자리에서 기계를 이용하여 아이스크림을 만들어주는데, 쥬얼리 보관함처럼 생긴 어여쁜 투명 유리함들을 꺼내어 아이스크림 종류에 맞는 토핑을 올려준다. 블랙 트러플 아이스크림 위에는 핀셋으로 자그마한 금박지를 얹어주었다. 굳이 이렇게 거창하게 만들 필요가 있나 싶지만, 일단 궁금증 해결을 위해 향을 한번 맡아보고 바로 한 스푼 떠 입으로 직진. 파스타나 피자 위에 생트러플을 슬라이스해서 올려줄 때처럼 온 사방에 진동하는 트러플 향을 기대했다면, 그냥 궁금증은 떨쳐버리고 가지 않는 것이 좋겠다.

맨 처음 먹어보기 전 냄새만 맡았을 때는 트러플 향을 맡을 수 없었으나, 한입 먹어보니 잔잔하게 느낄 수 있었다. 블랙 트러플의 맛을 이렇다고 정의할 수가 없기에 맛을 표현해내는 데에 어려움이 있었을 거라 예상한다. 이건 먹어보는 사람 입장에서도 마찬가지.

딱히 '트러플 맛은 이거야!'라는 개념 자체를 가지고 있지 않기에 블랙 트러플 맛을 잘 표현했다 못했다 말을 할 수는 없었지만, 맛보았을 때 아주 잔잔하게 느껴지는 특유의 풍미에서 스쳐 지나가는 유세윤의 한마디, "아 구럴 수도 있겠당". 블랙 트러플 아이스크림과 함께한 나의 호화스런 사치는 학업에 치이고, 등하교길 난닝구 차림으로 남산 같은 배를 까(?)고 다니시는 아저씨들의 안구 테러에 대한 소소한 보상이었달까.

Chapter 18

상하이 사람처럼 사는 법

Shanghai
#Onthetable

상하이에서 생활하며 가장 좋았던 것이 무엇이냐고 묻는다면 1초의 망설임도 없이 나는 이렇게 말할 것이다.

　"맛있는 게 많잖아!"

　하지만, 10분 정도 혼자 가만히 앉아 생각해보니 상하이에서의 생활이 이렇게나 즐거울 수 있었던 또 다른 이유는 바로 상하이 사람들 특유의 무심함 때문이었을지도 모른다는 생각을 했다.

　바쁜 일상생활 속에서도 생각보다 많은 것이 공유되고, 서로가 서로에게 때로는 지나친 관심을 가지며 아슬아슬한 관계를 유지하고 살아가는 것에 익숙해지다가도 지쳐갈 때 즈음, 나는 아는 사람 한 명 없는 상하이에 왔다. 이곳에서 나는 완벽한 외부인이었으나, 그 누구 하나 나를 이상하게 쳐다보거나 신경 쓰지 않았다. 중국의 '경제 수도'라고 불리우는 이 도시에 사는 상하이인들은 이미 이곳에서 회사를 다니며 생활하는, 넘쳐나는 파란 눈의 외국인들에게 익숙해져 있었고, 검은 머리에 누가 봐도 동양인인 나의 경우 이미 이들에게는 '우리 나라 사람'이었다.

　외국인에 대한 별 다를 것 없는 시선은 익숙함 때문이라 설명할 수

있겠지만, 이곳 사람들이 무심한 것은 낯선 외국인뿐만이 아니다. 사람들은 종종 자유롭게(?) 신호를 무시하고 횡단보도를 건너며, 차들 또한 신호등은 무시한 채 목적지를 향해 달려간다. 인도에는 지나가는 사람들을 의식하지 않은 채 접이식 의자를 펼쳐놓고 강아지와 함께 한없이 먼 곳을 쳐다보며 앉아있는 할아버지가 있고, 커다란 세숫대야에 물을 받아 바닥에 놓고 발가벗은 두 살배기 남자아이를 씻기는 아주머니가 있다. 어디 이뿐인가, 길을 걷다 하늘을 보면 그림 같은 파란 하늘을 배경으로 빨랫줄에 빳빳하게 널려 있는 속옷들이 괜스레 부끄러워하는 나를 보며 비웃는 것만 같다는 느낌을 받는 것이 일상이다.

나는 이들의 무심함이 좋았다. 남의 시선 하나 의식하지 않고 자유로울 수 있다는 것. 나는 언제 이렇게 누군가의 시선을, 누군가의 생각을 의식하지 않고 살아보았나. 상하이인들에게 주어진 축복이자 선물 같았다.

이곳에서 생활하는 6개월간 나는 상하이인들에게 주어진 특권을, 이들만의 무심함을 닮도록 즐겼다. 함께 밥을 먹는 혹은 커피를 마시는 누군가에게, 지나가다 마주칠 수도 있는 누군가에게, 어디선가 나를 지켜보고 있을 누군가에게, 혹은 그저 어쩌다 눈을 마주치게 된 누군가에게 예뻐 보이고 싶어 아침마다 열심히 하던 화장을 하지 않게 되었고, 입고 다니는 옷 또한 예쁨보다는 편안함이 우선시되었다. 혼자 밥을 먹는 것에 부끄러움을 느끼지 않는 것은 물론이거니와, 샌드위치나 버거를 먹을 때에는 손 하나면 만사 오케이였다. 한국이었으면 화장한 얼굴에 행여나 묻을까 봐 혹은 '와-앙!' 하고 크게 입을 벌리는 내 모습을 보여주기 싫어 포크와 나이프를 요구했을 것이다.

　남들에게 보여지는 모습에 크게 신경 쓰지 않으니 평소엔 보지 못했던, 차마 신경 쓰지 못했던 것들이 보이기 시작했다. 나에게 보이는 것들에 더 집중할 수 있었고, 내가 느끼는 감정들에 대해 더 충실할 수 있었다. 길을 걸을 때면 '남들이 나를 어떻게 볼까'라는 생각 대신, 내 눈에 담기는 풍경들을 살피며 이런 저런 생각을 했으며, 내가 어떤 감정을 느끼고 있는지, 지금 나의 기분은 어떤지 나의 마음에게 충실한 시간을 보내게 되었다. 물론 달려오는 차가 있는지 확인한 뒤에 무단횡단도 여러 번하며 시간도 아꼈다(몇 분 아끼려다 남은 생을 끔찍이도 아끼게 될 수 있다는 것을 알기에 이건 깊이 반성하고 있다).

　상하이에서 돌아온 나는 지금도 남들의 시선에 크게 의식하지 않고 내가 하고 싶은 것, 내가 느끼는 감정들에 충실하게 살려고 노력한다. 무심한 상하이 사람들처럼 말이다.

Chapter 19

위험한 나라, 중국?

대학에 들어와 중국어를 복수전공으로 선택하지 않았더라면, 내가 중국 음식을 조금만 덜 좋아했더라면, 중국어 선생님이 나에게 어학연수 프로그램을 권하지 않았더라면. 내가 중국행 비행기를 타볼 일이 있었을까 생각했다.

　상하이로 떠나기 전, 나에게 있어 중국은 그저 인구가 많고, 그중에서도 목소리 큰 아줌마 아저씨들이 특히나 많은 그런 나라였다. 영화 〈범죄도시〉에 등장하는 장첸 같은 캐릭터의 연변족들 혹은 휘황찬란한 금빛 시계와 액세서리를 주렁주렁 달고 뚱뚱배를 자랑스레 내밀고 다니는 갑부 아저씨들, 그런 극과 극인 부류의 사람들이 공존하는 크고 조금은 무서운 나라라고 생각했었다.

　주변 친구들 또한 중국에서 6개월간 체류한다는 나의 말에 극구 만류하기 일쑤였는데, 모두들 한입으로 이렇게 말했다. "너 같은 애가 중국을 가겠다고? 그것도 6개월이나? 아마 일주일도 안 돼서 돌아올 거다." 도시를 그 누구보다 사랑하고, 현대적이고 쾌적한 환경을 무척이나 지향하는 나이기에 친구들 눈에는 우리의 상상 속 중국으로 떠난다는 나의 말이 우스갯소리로 들렸을 터이다.

하지만 상하이에 도착하여 일주일간의 적응기를 마친 나는, 중국에 대하여 가지고 있던 나의 편견들이 얼마나 오만하고 무지했는지 깨닫게 되었다. 중국은, 아니 적어도 상하이는, 내가 생각했던 것보다 훨씬 예쁘고, 근사했으며, 안전했다.

많은 이들이 중국 여행을 꺼려하는 이유 중 하나가 위험하지 않을까 하는 막연한 두려움 때문일 것이라 추측한다. 왜냐면 나도 같은 마음이었으니까. 그럼에도 빨빨거리며 돌아다니는 본능을 이기지 못하고 밤낮으로 이곳, 저곳 홀로 돌아다니며 시간을 보낸 당시 20대 초반 여성의 경험을 바탕으로 얘기하자면, 우리가 생각하는 만큼 세상 위험한 나라는 아니라는 거. 중국의 다른 도시는 모르겠지만, 적어도 내가 느낀 상하이는 그렇다.

늦은 밤, 어수선한 골목길만 찾아다니며 홀로 걸어다닌다면, 위험하지 않을 도시는 아무 데도 없다. 상하이에서도 평소 우리가 집 밖을 나설 때와 같이 정신만 잘 차리고 돌아다닌다면, 어느 도시보다 특별히 위험하다고 할 만한 요소는 없다.

마지막으로 고민, 걱정 없이 태평한 나를 대신하여 친구들이 수화기 너머로 던졌던 고민거리 하나를 추가하자면, 바로 상하이에서의 택시 승차. 이상하게도 상하이에서 택시 타는 것을 꺼리거나 무서워하는 친구들이 많았다. 뉴욕 케이타운에서는 몸도 못 가누는 만취상태로 쌩쌩 달리는 옐로우캡은 잘만 타면서…. 서울에 계신 수많은 천사 같은 택시 기사님들께 죄송한 지극히 주관적인 견해이지만, 내가 느낀 상하이의

택시는 서울 택시들보다 훨씬 안전했다.

그 이유는 바로 보호 유리의 유무 여부 때문. 상하이의 택시는 미국 택시처럼 운전자와 승객이 내부의 투명한 유리로 분리되어 있어 왠지 모를 안도감을 느끼게 해준다고나 할까. 물론 밤이면 미터기를 켜지 않고 바가지를 씌워 운행하려고 하는 못된 아저씨들도 많지만, 철통 같은 방어로 대처하는 방법 또한 길러지더라. 세상 단호한 표정을 짓고 손바닥을 세워 좌우로 두세 번 흔들며 "不行，算了算了 (bu xing, suan le suan le)!" 하며 다음 차를 기다리는 것이 정답.

Chapter 20

손끝으로 배우는 상하이

Shanghai
#Onthetable

한 나라의 언어를 배우려면 직접 살아보는 것이 가장 좋고, 연애 또한 글을 통한 배움 혹은 주변인의 무수한 조언보다 실전에서 배우는 것이 100배, 1000배 많은 것처럼, 직접 손끝으로 체험하는 것에 높은 가치를 두는 편이다. 상하이에 와서 많은 요리를 먹어보고 좋아하게 됐다면, 이제 내가 한번 직접 만들어보는 것도 좋은 경험이 되지 않을까 싶어 신청하게 된 쿠킹 클래스. 사실 나는 그 어느 곳에서도 쿠킹 클래스를 들어본 적이 없다. 인스타그램을 통해 서울의 많은 레스토랑 및 유명 푸드 크리에이터분들이 쿠킹 클래스를 진행하는 것을 알고 있었고, 늘 호기심을 가지고 스케줄까지 찾아보는 열정을 보이기는 했으나, 단 한 번도 신청을 한 적은 없었다. 그러던 어느 날, 무엇인가에 이끌려 상하이에서 쿠킹 클래스를 신청하게 되었는데, 돌이켜 생각해보면 상하이에서 가장 기억에 남는 순간 중 하나가 아닐까 싶다.

Chinese Cooking Workshop. 이곳이 바로 내가 수업을 들은 곳인데, 몇 년 전, 어느 한 TV 프로그램에서 샘 킴 쉐프가 방문하여 한국인들 사이에서 꽤나 유명한 곳이다. 이곳의 쿠킹 클래스는 퍼블릭과 프라이빗 클래스로 나뉘어지는데, 단체 손님을 위한 대관뿐 아니라 케이터링까지 가능하다고 하니 필요한 분들은 참고하시길 바란다.

다시 본론으로 돌아와서, 수업은 온라인으로 간편하게 예약할 수 있는데 캘린더가 있어 어느 날에 어떤 수업이 진행되는지 알 수 있다. 딤섬, 상하이 요리, 광동 요리, 사천 요리, 채식주의자를 위한 요리 등 날마다 다양한 수업들이 진행되는데 사천 요리를 무척이나 좋아하는 나는 사천 요리 수업이 진행되는 금요일 이른 오후를 선택했다(마침 금요일이 수업이 가장 일찍 끝나는 날이기도 했고).

두 시간에 걸쳐 진행되는 수업은 보통 3∼4가지의 메뉴를 다루며, 내가 참여한 사천 요리 수업에서는 **Home style tofu**, **Fried salted pork**, **Cheng Du egg soup** 이렇게 3가지의 요리로 수업이 진행되었다. 가격은 200유엔. 손을 씻은 뒤 선생님의 재료 설명과 함께 수업은 시작되었고, 빛나는 은색 테이블 위에 깔끔하게 정리된 재료들은 이미 내 마음을 설레게 하기에 충분했다. 선생님께서 먼저 시범을 보여주시고 따라하는 방식으로 진행되었고, 그렇게 재료 손질 후, 두세 팀으로 나뉘어 wok 앞에서 다시 한번 선생님의 시범을 본 뒤 따라 조리하여 요리가 완성되었다. 수업은 선생님의 유창한 영어로 진행되었는데, 그날의 선생님에 따라 이것 또한 바뀐다고 한다. 선생님이 영어로 소통이 불가능한 경우, 영어 소통이 가능한 조교가 수업을 함께한다고. 세 요리의 조리가 모두 끝난 뒤에 선생님께서 주신 맥주와 함께 시식 시간이 시작되었다.

뜨거운 wok 앞에서 두 시간을 보낸 뒤 맛보는 시원한 맥주와 내가 만든 사천 요리란 꿀맛이 아닐 수가 없었다. 어느 정도 맛을 보고 나니 배가 불러 멍하니 밖을 바라보고 있었는데 선생님께서는 밀폐용기를 건네주셨고, 야무지게 남은 음식을 담은 나는, 오늘 수업에서 진행한 요리의 재료와 조리법이 적힌 종이를 챙겨 밖으로 나왔다. 3만4천 원 정도의 가격으로 내가 좋아하는 사천 요리의 조리법도 배우고, 그날 저녁 메뉴도 해결하고 어찌나 뿌듯하던지. 사실 무시무시하게 생긴 네모난 중식 칼을 내 손으로 잡아보았다는 경험만으로도 나는 굉장히 만족한다.

앞으로 소개할 곳들은, 내가 직접 방문해보지는 않았지만 Chinese Cooking Workshop을 방문하기 전 찾아보았던 자료들을 활용하여 적어보았으니, 상하이 쿠킹 클래스에 관심 있으신 분들은 참고하시면 좋겠다.

먼저 소개 할 곳은 바로 상하이의 어느 한 평범한 가정집에서 요리를 배울 수 있는 **Cook in Shanghai**. Jade Dumpling부터, 딤섬, 수타면, 칼국수 등 다양한 요리 수업이 제공되는 이곳은, 수업을 위해 특별하게 갖춰진 장소 없이 어느 한 아파트 가정집에서 수업이 진행된다. 후기를 읽어보면 부부로 추정되는 중국인 남녀가 진행한다고 하는데, 남성분이 요리를 하고, 여성분이 영어로 설명을 해준다고 한다. 이곳이 특별한 이유는 소박하면서도 그 어느 곳보다 진정성 있는 장소 외에도 하나더 있는데, 그것은 바로 요리 수업과 더불어 진행되는 각종 문화체험이다. 홈페이지 내에 캘린더를 보면 일별 수업 스케줄을 확인할 수 있는데, 대부분의 쿠킹 클래스에 "＋wet market tour"라는 표시가 되어 있다. Wet market은 주로 신선한 육류와 채소 등의 식재료를 판매하는 재래시장을 의미하는데, Cook in Shanghai에서는 이렇게 근처 재래시장

에서 선생님과 함께 직접 장을 보고 그 재료로 요리 수업을 진행한다고 한다. 그 외에도, tea tour, paper cutting class, Chinese painting class 등 다양한 문화체험 수업이 준비되어 있어서, 요리뿐만 아니라 더 많은 문화적 경험을 쌓고 싶다면 이곳 방문을 고려해보는 것이 어떨까. 참고로 퍼블릭 클래스의 가격은 400유엔으로 책정되어 있으나, 클래스마다 조금씩 상이한 것으로 보이니 자세한 사항은 홈페이지 확인하기!

다음으로, 상하이에서 프렌치 베이킹을 배우는 이색적인 경험을 하고 싶다면 주목해야 하는 이곳, **Shanghai Young Bakers Baking Center**. 12명의 프랑스인들에 의해 설립된 Shanghai Young Bakers(SYB)는 17세~23세 나이의 가정 형편이 어려운 청소년들에게 프랑스식과 중국식 제과제빵 기술 트레이닝을 무상으로 제공하는 자선 기관으로, 이곳에서는 한 달에 한 번 트레이너들의 지도 아래 퍼블릭 클래스가 열린다. SYB 트레이너들은 모두 프랑스의 유명 제과제빵학교인 **Ecole Francaise de Boulangerie Patisserie d'Aurillac** 졸업생들로 구성되어, 초보자들부터 제과제빵에 대한 배경지식이 있는 사람들까지 모두 구분 없이 즐길 수 있는 클래스가 준비되어 있다. 이전에 소개한 쿠킹 클래스들과는 달리, 이곳의 베이킹 클래스는 한 달에 한 번, 오전 10시부터 오후 3시까지 수업이 진행되고, 비용은 500유엔에 점심식사 비용 100유엔이 추가되어 총 600유엔이다. 수업은 홈페이지에서 간단하게 미리 예약할 수 있으며, 바게트, 크로아상, 미니 슈, 마카롱, 레몬 타르트 등 수업 내용은 월별로 다양하다. 상하이에서의 프렌치 베이킹이라는 이색

경험도 경험이지만, SYB에서의 베이킹 클래스가 특별한 또 다른 이유는 바로 이곳에 지불하는 수강비는 모두 SYB 입학 청소년들을 돕는 데에 쓰이기 때문. 상하이에서 내 손으로 직접 달다구리도 만들고, 불우한 청소년들에게 꿈과 희망을 심어줄 수 있는 기회가 바로 이곳에 있다.

Chapter 21

일상생활을 조금 더 풍성하게

한여름에 더위를 피하려면 은행에 가라는 말이 있듯이, 상하이에서 무료함을 피하고자 한다면, 징안에 위치한 쇼핑몰들을 방문하는 것을 추천한다.

징안에는 희한하리만큼 많은 쇼핑몰들이 몰려 있는데, 이곳들을 둘러보다 보면 시간의 흐름은 잊은 채 의식의 흐름만이 존재하게 된다. 상하이에는 다양한 인구와 라이프스타일이 존재하는 만큼, 각 쇼핑몰마다 다루는 타겟층이 다른데, 취급하는 브랜드 및 내부의 분위기 등 모두 천차만별이다.

가장 먼저 소개할 곳은 내가 가장 좋아하는 **릴 백화점**. 트렌드에 민감한 20~30대를 타겟으로 한 쇼핑몰이다. 이곳을 좋아하는 이유는 바로 첫눈에 반한 서점 **종서각**(钟书阁) 때문.

릴 백화점 4층 구석 한쪽에 위치한 종서각은 투명한 통유리 벽 너머의 회백색의 인테리어로 멀리서도 한눈에 발견할 수 있는데, 통유리문을 열고 들어가는 순간 마치 다른 차원의 세상에 들어온 것 같은 느낌

을 준다. 회색의 콘크리트 바닥에는 횡단보도를 연상시키는 하얀 직사각형들이 칠해져 있고, 책을 올려놓은 하얀색 테이블들은 모두 도로 위에 서 있는 건물들처럼 저만의 각도를 유지한 채 늘어서 있다. 또한 회색 벽을 빽빽하게 채우고 있는 하얀 타원형의 기둥 장식은 도보 위 차량 진입을 막는 검은 기둥을 연상시킨다.

그저 장소에 대한 애착이 낳은 상상력일까 아님 우연일까? 신기하게도, 어쩌면 다행히도, 종서각의 이러한 인테리어는 바쁜 상하이 도시를 상징하고 있다고 한다. 주위를 둘러보면 거리마다 네온사인이 보이고, 거리에는 블럭과 블럭 사이, 도보와 도보 사이를 건너는 보행자들로 가득하다. 바쁘게 돌아가는 상하이 시내 중심에 위치한 릴 백화점, 그리고 그 건물 내부에 위치한 종서각. 이것은 우연의 일치가 결코 아니었다. 종서각의 회백색 인테리어가 상징하는 것은 바로 바쁜 상하이 도심의 축소판이었던 것. 하지만 종서각에는 경적을 울리는 차도, 어깨를 치며 바쁘게 걸어가는 사람도 없다. 그저 하얗고 적막한 횡단보도와 책들만 있을 뿐.

도로 위의 책 건물들을 지나 서점 안쪽으로 들어서면 전혀 다른 분위기의 인테리어가 기다리고 있다. 거울로 된 천장을 제외한 전면이 책장으로 둘러쌓여 긴 통로를 이루는데, 이곳에 들어서는 순간 나는 영화 〈해리포터〉가 떠올랐다. 아마도 길게 늘어선 책장들의 웅장함에 놀라고, 사이사이에 설치된 길다란 유러피안 복고풍의 가로등 때문이었을 것이다. 평소 보기와는 다르게 독서를 즐기는 나는 서점에 가서 책을 사고 시간을 보내는 것을 매우 좋아하는데, 아쉽게도 이곳에서는 책 한 권 쉽게 꺼내들지 못했다. 나의 부족한 중국어 실력을 탓해야 하는 걸까, 아님 읽어보고 싶었던 책이 내 키보다도 높게 꽂혀 있었다고 말을 해야 하는 걸까? 아름답게 진열된 수만 권의 책들은 그저 나에게는 '그림의 떡'에 불과했지만, 이곳에서의 시간은 내가 굳이 릴 백화점을 찾아가는 이유가 되었다. 후에 글을 쓰며 알게 되었는데, 종서각은 상하이에서 가장 아름다운 서점으로 불린다고!

그다음으로 소개할 곳은 징안 릴 백화점에서 차로 10분 정도 떨어진 샨시난루에 위치한 **iapm**. 해외 유명 명품 브랜드의 매장들이 큼직큼직하게 들어선 이 백화점은 하얗고 으리으리한 내부 인테리어와 범접할 수 없는 쾌적함으로 관광객들을 한 번 더 놀라게 한다. 이건 결코 기분 탓이 아닌 iapm에 수도 없이 드나들며 느낀 팩트인데, 쾌적함을 넘어서 향기가 나는 곳이다. 정말이다. 'iapm 향기설'을 뒤로한 채, 내가 이곳을 애정하게 된 이유에 대해 설명을 하자면 바로 지하 1층에 위치한 어마 무시한 규모의 슈퍼마켓 **City Super** 때문.

City Super는 홍콩의 대형 슈퍼마켓 체인으로 상하이에는 현재 8개의 지점이 있는데, iapm에 위치한 것이 그중 하나다. 백화점에서 내가 서점 다음으로 어쩌면 서점보다 더 좋아하는 곳이 있다면 그건 바로 슈퍼마켓. City Super는 규모 면에서나 판매하는 식재료의 품질 면에서나 뭐 하나 빠지는 게 없다. 사실 가보고 싶은 식당 리스트는 넘쳐나고, 학교 기숙사에서 생활했기에 요리를 할 환경조차 되지 않아 식재료를 구매할 일도 없었으나, 그냥 이곳을 구경하는 것이 재미있어서였는지 매주 빠짐없이 이 슈퍼에 들러 장을 보곤 했다. 학교 앞 과일가게에서는

볼 수 없었던 수입과일들을 카트에 담고, 동네 편의점에는 없는 다양한 종류의 요거트를 사와 맛보고. City Super에서 나는 늘 궁금했고, 즐거웠다. 참고로, iapm에는 **다동**, **딘타이펑**, **레이가든** 등 유명 중식 맛집들도 있으니 상하이 여행을 가게 된다면 꼭 한번 들르도록 하자.

Chapter 22

나만의 소울 푸드

매일 봐도 질리지 않고 마음이든 말이든 뭐든 잘 통하는 사람을 '소울 메이트', 영혼의 쉼터를 찾은 것마냥 편안하고 즐거운 도시를 '소울 시티', 마지막으로 어디서든 즐겨먹고 애정이 담긴 음식을 '소울 푸드'라 한다.

　나에게는 떼려야 뗄 수 없는 소울 푸드가 여럿 있는데, 그중 하나가 바로 1년 365일 나의 아침을 책임지는 요거트와 그래놀라다. 어릴 적부터 엄마는 매일 아침밥을 차려 주셨는데, 그래서인지 혼자 기숙사 생활을 하던 미국 유학시절 때에도 습관처럼 아침은 꼬박꼬박 챙겨 먹었다. 아침 메뉴는 주로 간편하게 먹을 수 있는 요거트와 그래놀라. 대학에 와서도 한국에 돌아와서도 늘 아침은 같은 메뉴였다. 매일 같은 것을 먹으면 질리기 마련인데, 이상하게도 플레인 요거트에 그래놀라 조합은 보면 볼수록 더 빠져드는 이상형처럼 나를 완벽하게 매료시켰다. 백화점, 베이커리, 카페 등등 더 맛있는 그래놀라를 찾기 위해 부지런히 돌아다녔다. 해외여행을 가서도 나의 러게지 안 한구석에는 늘 새로운 그래놀라가 2~3봉지씩 자리 잡고 있었다. 그러던 어느 하루, 내 입맛

에 맞는 그래놀라를 직접 구워봐야겠다는 작은 용기를 내었고, 그 용기가 도전으로 이어져 나는 어느덧 나만의 색과 레시피가 담긴 그래놀라 브랜드까지 창립한 적이 있었다.

상하이에서도 매일 아침은 기숙사 근처 편의점에서 판매하는 요거트로 대신하였는데, 징안에 위치한 어느 백화점에서 **보주내락**(宝珠奶酪)을 만난 이후로는 이곳의 요거트는 상하이에서의 아침을 떠올리게 하는 나의 소울푸드가 되었다. 보주내락은 우유와 감주를 발효시켜 만든 **나이라오**(奶酪)를 판매하는 곳인데, 번역하면 치즈라는 뜻이나, 생김새와 맛은 플레인 요거트와 비슷하다. 주로 빙수처럼 나이라오 위에 생과일, 팥, 모찌 등의 토핑을 올려 하나의 디저트 메뉴로 판매되는데, 테이크아웃 용기에 담겨진 플레인 나이라오는 내가 이곳에서 즐겨 찾는 메뉴이자 나의 소울 푸드이다.

정안을 가게 되는 날이면 어김없이 Reel백화점에 들러 보주내락 플레인 요거트를 사오는데, 다음 날 아침에 신선한 과일을 듬뿍 올려 먹으면 몸도 마음도 정화되는 기분이다. 달지 않은 플레인 요거트의 담백한 맛을 좋아하는 사람이라면 좋아할 만하나, 시중에서 판매되는 달달한 맛의 요거트에 익숙해진 사람이라면 처음 맛보는 순간 숟가락을 내려놓을 수도 있겠다. 사실 달달한 그래놀라와 함께 먹는 것이 아니라면 나도 어느 정도 당도가 있는 요거트를 더 선호하지만, 보주내락의 플레인 나이라오는 기분 좋은 핑크색 테이크아웃 용기 때문인지 먹으면 건강해지는 것만 같은 나만의 근거 없는 착각 속에서 즐겨 먹는 소울 푸드가 되어버렸다.

두 번째 소울 푸드는 바로 **소양생전**(小杨生煎)의 셩젠이다. **셩젠**은 상하이의 전통 분식 군만두로 위에는 일반 만두와 같으나 밑면은 바삭하게 튀겨진 교자와도 비슷하다고 볼 수 있는데, 샤오롱바오처럼 만두 안이 육즙으로 가득 찬 것이 특징이다. 상하이의 전통 분식 메뉴인 만큼, 셩젠은 어디서든 쉽게 먹어볼 수 있지만, 그중에서도 인기 체인점인 소양생전은 대형 몰의 식당가 어느 한구석에서든 꼭 발견할 수 있다.

동그랗고 작은 앙증맞은 크기에 네 개에 6유엔이라는 귀여운 가격으로 맛볼 수 있는 셩젠은 상하이에서 남녀노소 즐기는 분식이기에 어느 지점에 가도 사람들로 가득 차 있으나 겁먹을 필요는 없다. 급식소에서나 볼 법한 커다란 크기의 팬에 한 번에 5~60개의 셩젠을 구워 내어

금방 줄이 빠지기 때문.

갓 구워낸 따끈따끈한 성젠은 속의 육즙이 매우 뜨겁기 때문에, 샤오롱바오를 먹을 때와 같이 숟가락에 올려놓고 젓가락으로 작은 구멍을 내서 안의 육즙을 빼내 호호 식힌다. 숟가락에 가득 고인 육즙과 속이 어느 정도 식었을 때쯤 한입에 넣어 먹으면 그게 바로 소확행('소소하지만 확실한 행복'). 크기는 작지만 알찬 육즙과 고기소 덕에 포만감이 크고, 주문하고 음식을 받아보는 데까지 시간도 얼마 걸리지 않아 빠르고 간단하게 한 끼를 해결하는 방법으로 최고였던 나의 두 번째 소울 푸드. 상하이 여행에서 결코 빠져서는 안 될 머스트잇(eat) 메뉴 중 하나이다.

평생의 적인 다이어트 때문에(솔직히 고백하자면 나는 다이어트를 행동보다는 입으로 하는 편) 마음 편히 자주 먹지는 못하지만, 나는 버블티를 굉장히 좋아한다. 쫀득쫀득한 타피오카가 좋아서 버블티를 시켜 타피오카만 빨대로 쏙쏙 건져먹기도 하는데, 한 인터넷 기사에서 타피오카의 칼로리가 밥 한 공기의 칼로리보다 높다는 글에 충격을 받은 이후로는 한국에서 버블티를 사서 마셔본 적이 없는 듯하다.

그러나 찌는 듯한 상하이의 여름철 더위 속에서 하굣길에 발견한 주황색 **CoCo** 간판은 나의 마음을 흔들었고, 스타벅스였다면 족히 벤티 사이즈는 돼 보이는 플라스틱 컵에 타피오카를 반 정도 채워준 황홀한 대륙의 인심에 감동받은 나는, 지친 하굣길을 CoCo로 종종 위로하곤 했다.

이미 한국에도 분점이 있는 CoCo는 대만의 유명 버블티 브랜드인데, 상하이 길거리에서 주황색 CoCo 간판을 찾기란 성젠을 찾는 것보다도 쉬웠기 때문에 처음에 나는 상하이 로컬 브랜드라고 생각했었다.

어마무시한 종류의 베이스 음료와 타피오카 외에도 푸딩, 그라스젤리 등 다양한 토핑이 준비되어 있는 이곳에서 내가 즐겨 마시는 메뉴는 바로 가장 클래식한 **쩐주나이차**('타피오카가 들어간 밀크티'). 중국이 차(茶) 강국이라 불리우는 만큼, 밀크티는 깊고 진하며 적당히 달달하여 헤자스러운 양의 타피오카와 함께 입안에 넣는 순간 감동 또한 진하게 밀려온다. CoCo에서 버블티를 맛본 이후로는 한국에서 버블티를 주문할 엄두가 더욱 나지 않는다. 생각보다 적은 타피오카 양에 괜스레 실망할까 봐.

9~10월이 되면 상하이는 떠나는 사람들과 돌아오는 사람들로 붐비고 가족들에게 나눠줄 선물을 사기에 바쁘다. 바로 중추절(Mid-Autumn Festival, 中秋节) 때문인데, 이 시기가 되면 유명 호텔들과 빵집들은 중추절 전통음식인 월병을 구워 내기 바쁘다. 고등학교, 대학교에서 중국어 반을 들을 때면 선생님들이 중추절이라며 나누어 주던 월병을 참 좋아했는데, 그때만 해도 내가 실제로 중국에서 월병을 사먹게 될 줄은 전혀 몰랐다. 아무튼 중추절이 다가오면 로컬 빵집에서 파는 5유엔짜리 월병부터 고급 유명 호텔에서 판매하는 월병 선물 세트까지 다양한 종류의 월병이 판매되는데, **Andaz Xintiandi Hotel**의 월병은 지금까지 먹어본 월병 중 가장 뛰어난 맛을 자랑하며 나의 소울 푸드로까지 자리매김했다. 이미 여러 매체에서 극찬을 받은 Andaz 호텔의 **pork moon cake**은 얇고 바삭한 겉면의 페이스츄리와 속 안의 달짝지근하고

촉촉한 고기 필링이 예술. 절대 하나만 먹고 멈출 수 없는 맛이다. Pork 말고도 팥과 egg yolk가 들어간 월병, 이렇게 총 두 종류의 월병이 있는데, 달달한 팥과 짭짤한 egg yolk가 들어 있는 평범한 월병의 맛. 생각보다 많이 달지 않아 신기했는데, 고기 월병을 맛보고 후식으로 즐기면 딱이다.

작년의 경우, 여름부터 중추절이 지나고 겨울이 될 때까지 꽤 오랜 기간 동안 월병을 판매했기 때문에 올해도 오래도록 만날 수 있지 않을까 싶다. 신티엔디에 매일 갈 수 없으니 한 박스 사와서 기숙사 오븐에 데워 며칠간 먹었는데, 처음 먹었을 때의 바삭한 식감은 덜했지만 맛은 그대로였다는. Andaz 호텔의 월병을 위해서라면 중추절에 맞추어 상하이를 방문할 의향도 있다.

마지막으로 소개할 나의 상하이 소울 푸드는 학교 앞 자그마한 과일가게에서 파는 흔한 과일이지만, 과음 후 숙취를 책임져주었던 천사 같은 용과. 조금은 뜬금없지만, 용과가 이렇게나 숙취해소에 도움이 될 줄은 몰랐기에 좋은 정보는 공유하고자 적어본다. 과일을 좋아하는 나는 하굣길에 위치한 과일가게에 일주일에 두 번은 꼭 들러 먹고 싶은 과일을 잔뜩 사왔는데, 주말에 가까워질 때쯤엔 꼭 빨간 과육의 **용과**를 비닐봉지에 함께 담아왔다. 용과는 과육이 빨간 것과 하얀 것 두 종류가 있다고 하는데, 빨간 과육의 용과의 당도가 조금 더 높다 하여 빨간 용과를 더 선호한다. 평소 나는 술을 마신 다음 날이면 심한 숙취로 고생하는 편으로 이럴 때마다 냉장고에서 시원한 용과를 꺼낸다. 수분 가득한 용과를 반 토막 내 숟가락으로 퍼먹으면 이온음료를 마신 듯 숙취가 어느 정도 해소되는 느낌. 물론 용과가 숙취해소에 도움이 된다는 과학적인 증거에 대해서는 전혀 모르겠고(찾아본 적도 없음), 개인차 또한 있을 수 있다. 하지만 과일 값이 비교적 매우 저렴한 중국에서 숙취로 인해 평소 고생 좀 하는 사람이라면, 한 번쯤 믿고 시도해 볼 만하니까. 아님 말고!

Chapter 23

위시리스트

1. 정해진 목적지 없이 지하철 혹은 버스 타고 즉흥 여행 떠나기

2. 재래시장에 가서 장보기

3. 와이탄에서 한껏 멋진 야경과 유럽스러운 분위기에 취해 크리스마스 맞이하기

4. 마음에 드는 카페 혹은 레스토랑은 질릴 때까지 가기

5. 중추절에는 좋아하는 사람들에게 월병 선물하기

6. **Madison Kitchen**에서 파는 샌드위치 전부 다 먹어보기

7. 밤에 편의점에서 맥주 한 캔과 기숙사 북문 앞 트럭에서 야식을 사 와 영화 보기

8. 주말 아침마다 편안한 복장으로 마사지 받고 여유롭게 브런치 즐기기
   (화장기 하나 없는 얼굴로 세상 여유로운 분위기를 즐기는 것이 포인트)

9. 아무 계획 없이 상하이 도서관 근처 동네 산책하기

10. **Mr & Mrs Bund**에서 생일파티하기

11. 청두에서 로컬 사천 음식 원없이 먹기

12. 세상 따뜻하게 껴입고 하얼빈 빙등제 구경가기

13. 기숙사 방에 누워 밤새 중국 영화 정주행하기

14. 어둑어둑한 저녁 때쯤 영화 〈Her〉를 촬영한 오각장에서 벤치에 걸터 앉아 이런저런 생각하기

15. 〈그 시절 우리가 좋아했던 소녀〉 속 선자이가 집에서 가족들과 아침식사로 먹던 또우지앙(豆漿)과 요우티아오(油条) 먹기

16. **Ultraviolet by Paul Pairet**에서 식사하기

17. 인민공원에서 춤추는 할머니, 할아버지들 사이에 껴서 함께 흥겹게 춤추기

18. 쿠킹 클래스에서 상하이 가정식 만드는 법 배우기

상하이에서 생활하는 동안 혼자 끄적거리며 만들어본 짧지만 평범하지만은 않은 나의 위시리스트.

대부분의 내용이 먹는 것으로 끝난다는 것을 깨닫고 스스로도 어이없어 웃음이 나오기도 했지만, 진정한 나를 잘 보여주는 것 같아 뿌듯하기도 하다. '어떻게 이렇게 솔직할 수가 있나.'

교수님이 주는 과제, 상사가 주는 업무가 아닌, 내가 나에게 주는 일. 하지만 신기하게도 전혀 다른 느낌을 풍기는 두 단어 과제와 위시리스트는 뜻밖의 공통점이 있었다. 해내는 과정에서 뜻밖의 선물을 얻을 수 있다는 것.

지금껏 수많은 과제들을 제출하며 읽은 수만 장의 책과 자료들, 날밤을 새며 써 내려간 페이퍼 그리고 반복되는 문제풀이는 나의 지적 향유를 도왔고, 오피스 Outlook에 빼곡히 적혀져 있는 업무들을 처리하며 작성한 다양한 기획안과 엑셀파일 그리고 팀 내외 협동 작업은 멀게만 느껴졌던 '사회인'의 삶을 몸소 체험하게 해주었다. 위시리스트에 적혀진 것들을 하나하나 해치우는 과정에서 나는 하루하루를 흘러 보내지 않고 목표의식을 가지며 조금 더 알차게 생활할 수 있었고, 이는 나의 6개월을 더욱 의미 있게 만들었다.

혼자 책상에 앉아 아무 의미 없이 끄적거린 18개의 위시리스트. 아는 것이 없어 이곳에서 하고 싶은 것을 적어 내려가는 것도 막막했던 적이 있었다. 그러나 시간이 지나 많은 것을 보고, 듣고, 경험하고 이 도시에 대해 아는 것이 늘어가면서 이곳에서 하고 싶은 것 또한 늘어났다.

이 위시리스트가 있어, 학업적인 일과는 상관없이 오로지 나를 위해

해내야 하는 일이 있어 상하이에서의 나의 6개월이 얼마나 풍요로웠는지 모를 것이다. 지긋지긋한 일상 속에서 선물을 찾는 자가 있다면, 위 시리스트를 작성해보자. 손에 들린 선물 상자는 없을지 몰라도, 선물 포장을 뜯을 때의 설렘은 늘 함께일 테니!

Chapter 24

상하이 캠퍼스 라이프

Shanghai
#Onthetable

이번 편은 혹시나 나의 책을 읽고 있을지도 모를 **복단대학교**의 한국인 학생들에게 바친다.

　여행객들이 주로 찾는 도심가에서 벗어나 외곽지역에 위치한 복단대학교에서는 지금껏 소개했던 유럽 감성의 카페와 레스토랑은 눈 씻고 찾아볼 수 없는, 트루 차이나의 모습을 볼 수 있다. 등하굣길에는 하얀색 난닝구 차림의 배불뚝이 아저씨들은(느닷없이 길거리에서 배를 까고(?) 계시는 모습에 안구 테러를 당하기 일쑤) 물론이거니와 신티엔디, 징안의 휘황찬란하던 쇼핑몰은 마치 다른 나라 이야기인 것처럼, 이곳의 건물들은 모두 5층 이하의 무너지기 일보 직전의 모습을 하고 있다.

　하지만 이곳에도 상하이의 가로수길이라 불리우는 거리가 있는데, 바로 **대학로**(大学路)이다. 대학로에는 여러 카페와 상점, 레스토랑들이 있지만, 그중에서도 이곳을 얘기하지 않고서는 나의 복단대 생활에 대해 이야기할 수 없다.

　앞서 언급했던 카페와 레스토랑들에 가려면 40분 정도 지하철을 타

고 나가야 했기 때문에 학교 일과를 마치지 않고서는 나갈 수가 없었는데, 이렇게 학교에 있을 때면 늘 나의 끼니를 해결해준 곳이 바로 대학로에 위치한 샐러드 가게 **Saladgreen**이다. 정말이지 학교를 가는 주 5일 중 3~4일은 이곳에서 늘 같은 샐러드에 이따금씩 토핑만 추가하여 먹었으니, 나의 캠퍼스 생활의 일부였다고 할 수 있겠다. 한 학기가 끝나갈 무렵, 마지막 기말고사를 마치고 늘 한궈메이뉘(韩国美女='한국미녀'라는 뜻. 참고로 상하이에서는 웬만한 한국 여성들에게 미녀라는 후한 별칭을 선사한다)라는 별칭으로 따뜻하게 맞아주던 가게 직원들에게 작별인사를 고하는데 어찌나 아쉽던지.

그중에서도 늘 내가 입은 옷, 그날 바른 립스틱, 가게에서 샐러드를 먹으며 혼자 노트북으로 즐겨보던 예능 프로그램 등에 지대한 관심을 가지던 한 여직원은 차마 내 뒷모습을 보지 못하겠다며 한 손으로 자기 두 눈을 가렸다. 샐러드 가게에서 이게 웬 난리냐고 하겠지만, 6개월간 쌓인 정이었다. 복단대에서 생활하면서 아예 외국인 관광객들이나 거주자들이 많은 지역으로 나가지 않는 이상 신선한 샐러드를 먹는 것이 참 어려운데, Saladgreen에는 각종 신선한 야채와 단백질이 준비되어 있어 중식 위주의 기름진 학식에 질린 학생들에게는 특히나 오아시스 같은 곳이 되지 않을까 싶다. 샐러드 외에 따뜻한 수프와 샌드위치 또한 메뉴에서 선택할 수 있으니 복단대 학생이라면 한 번쯤 방문을 추천한다.

맞은편에 위치한 또 하나의 서양음식 체인점 **Wagas**와의 차이점에 대해서 물을 수 있겠는데, 가장 큰 차이는 Saladgreen은 이름 그대로 샐러드가 주메뉴이고, Wagas는 샐러드, 파스타, 샌드위치, 케이크, 빵류

등 다양한 메뉴를 즐길 수 있다. 간단하게, 푸짐하고 맛있는 샐러드가 먹고 싶다면 Saladgreen, 그 외에 메뉴가 먹고 싶다면, Wagas를 방문하면 되겠다. 주로 Wagas의 샐러드는 사이드 메뉴로 나가는 경우가 많기 때문에, 양적인 면에서나, 영양소적인 면에서나 어딘가 부족하다.

두 번째로 소개할 곳은, 대표적인 상하이 요리 중 하나인 홍샤오로우(红烧肉)를 즐겨먹었던 곳, 바로 오각장요이청(百联又一城) 백화점 6층에 위치한 **와이포지아**(外婆家)이다. 홍샤오로우는 마오쩌둥이 좋아했던 요리로도 유명한데, 우리가 흔히 알고 있는 동파육이라고 보면 된다. 와이포지아는 중국의 유명 프렌차이즈 대중음식점으로 합리적인 가격에 다양한 음식을 즐길 수 있어 중국 전 지역에서 많은 인기를 누리고 있다. 복단대 근처 오각장 부근에도 와이포지아 체인점을 찾을 수가 있는데, 나는 이곳에서 종종 와이포 홍샤오로우(外婆红烧肉)와 흰쌀밥 하나를 시켜 한 끼 식사를 해결하고는 했다. 아무리 둘러봐도 혼자 온 손님은 나뿐인 것 같은 큰 패밀리 레스토랑에서 다소 민망함도 느꼈지만, 민망함도 잠시, 따뜻한 쌀밥 위에 살코기와 비계의 조화가 적절하게 이루어진 홍샤오로우를 얹어 한입 먹으면 이보다 뭣이 중할까. 사실 합리적인 가격에 즐기는 대중음식점인 만큼 퀄리티 높은 요리를 기대하기는 어려우나, 책가방을 매고 따뜻한 밥 한 끼 즐기러 가기에 나에겐 만족스러운 곳이었다.

마지막으로, 편의점에서 즐기는 소확행, 바로 **대추맛 요구르트**. 복

단대 학생이라면, 캠퍼스에서 북구 기숙사 쪽으로 향하는 길에 있는 편의점을 모두들 알 것이다. 사실 이 편의점이 아니라도 어느 편의점에서나 운만 좋으면 쉽게 찾을 수 있는 것 같은데, 붉은색 대추가 그려진 대추맛 요거트 이게 예상 외로 아주 달달하고 맛있다. 사실 내가 유제품을 지독하게 좋아하기 때문일 수도 있지만, 학교생활을 하며 대추맛 요구르트를 특히나 애정했던 이유는 당최 대추맛이라는 플레이버 자체를 한국이나 미국에서는 한 번도 본 적이 없었기 때문. 뭔가 이곳에서만 누릴 수 있는 특혜처럼 다가왔다. 같은 반 친구들 중 이 대추맛 요구르트를 맛본 친구들이 생각보다 많이 없어 놀랐던 기억이 있는데, 상하이에서 오랫동안 생활한 미국인 친구한테 들은 바로는 실제로 이 대추맛 요구르트는 중국인들 사이에서도 인기 있는 편이어서 늘 수량이 별로 남아 있지 않다고. 편의점 요구르트 섹션에서 붉은 대추가 그려진 요구르트가 보인다면 하나 사서 마셔 보시길! 한국에선 다들 대추맛 요구르트 본 적 없잖아요~

Chapter 25

무뚝뚝한 상하이 아저씨들의
반전매력

Shanghai
#Onthetable

처음 만나면 차가워 보인다는 소리를 많이 듣는다.

눈꼬리가 딱히 올라가지 않아 스스로를 순하게 생겼다고 생각해 왔는데, 남들이 보는 나는 조금 다른가 보다. 하지만 입을 여는 순간 모두가 놀라곤 한다. 그렇다. 차가워 보이는 외모와는 다르게 말투에 조금은, 아주 조금은 애교가 있는 편이다. 사실 넉살 좋은 지극한 생활형 애교일 뿐. 주변에 남사친들이 많아 애교보다는 삭막한 분위기를 연출할 때가 많지만, 필요한 상황에서는 나도 모르게 애교 아닌 애교를 부리곤 한다.

고등학교 마지막 학년, 나는 내가 가장 좋아하는 선생님이자 사람 좋기로 유명한 한 선생님께 문학 수업을 들었다. 7~8명 남짓한 소규모 수업이었는데, AP(Advanced Placement)라는 시험이 눈앞에 있었음에도 불구하고, 혹독한 대학입시를 마친 같은 반 친구들은 모두 수업시간에 자유시간을 갈망하였다. 우리에게 자유시간이란, 수업시간에 캠퍼스를 벗어나 선생님과 반 아이들 다 함께 학교 밖 스타벅스에서 커피를 마시거나, 아이스크림 가게에서 아이스크림을 사먹으며 잔디에 동그랗게 앉아 이야기를 하는 것이었다. 기숙학교에서 4년 내내 동고동락하며 서로의 식성은 물론이거니와 이상형까지 알고 있는 친구들은 종종 나에게 눈짓을 보내곤 하였다. '지금이야. 너가 선생님 좀 설득해봐.' 그럴 때면, 나는 세상 불쌍한 눈빛을 하고는 문학 선생님을 바라보며 오늘은 날씨가 너무 좋아서, 단 게 너무 땡겨서, 카페인이 부족해서 집중이 안 된다는 말도 안 되는 핑계들을 대며 능청스럽게 애교를 부리고는 했다.

사실 애교라기보단 넉살에 가까운 나의 간절한 외침은 아무도 없는 타지 상하이에서 생활하는 데에도 엄청나게 큰 도움이 되었는데, 특히나 무뚝뚝하다고만 생각했던 상하이 사람들의 따뜻한 내면을 볼 수 있었다.

이 책의 앞부분에서도 언급한 적이 있지만, 많은 젊은 여성분들이 중국에서 홀로 택시 타는 것을 꺼려한다. 원체 사람에 대한 겁이 없는 성격이기도 하지만, 내가 상하이에서 그 누구보다 편하게 택시를 탈 수 있었던 이유는 바로 특유의 넉살 때문이었다. 어느 나라에서나 마찬가지이지만, 상하이에서도 상당히 불친절한 택시 기사님들을 종종 만날 수 있다. 승차 거부는 물론이거니와, 험상궂은 인상에 말 또한 툭툭 내뱉으며 이유 없이 무서울 때가 많다. 여기서 '상하이 택시들은 원래 이렇구나…' 하고 포기하며 다른 교통수단을 이용하거나, 그냥 무서움을 참고 미터기도 못 킨 채 택시 아저씨의 요구대로 몇 배에 달하는 요금을 내며 말 그대로 눈 뜨고 코를 베일 수도 있다. 하지만 상하이의 아저씨들, 생각보다 굉장히 순하다.

험상궂은 표정 혹은 세상 무뚝뚝한 표정을 하고 있는 아저씨들이 대부분이지만, 최대한 여성스러운 목소리로 칭얼거리는 소녀(내 맘대로) 앞에서는 한없이 약하다. 상하이에서는 늦은 시간이면, 미터기를 켜지 않고 자기 마음대로 값을 매겨 택시를 운행하는 기사분들이 꽤 있는데, 이럴 때면 고등학교 때 갈고 닦은 실력을 발휘하여 최대한 불쌍한 눈빛을 하고는 기사님께 미터기를 켜달라고 요청했다. 애교라기보다는 조금 구차한 모습이지만, 아무 이유 없이 돈을 뜯길(?) 수는 없으니까. 물론 어느 정도의 의사소통이 이루어져야 가능한 부분이기도 하다.

학교 기숙사 앞, 과일 가게에서도 내 안의 넉살오빠는 쉬지 않았다. 사실 이곳 주인아저씨의 첫 인상은 상당히 까칠했다. 물론 기숙사 근처에 널리고 널린 게 과일 가게였지만, 여러 곳에서 과일을 사 먹어본 결과, 이 과일 가게 과일들이 가장 신선하고 맛있었다. 비교불가 과일에서 오는 '이유 있는 까칠함인가' 싶다가도, 6개월 동안 적어도 일주일에 한 번은 갈 것을 생각하니 또 마음속에서 무엇인가가 꿈틀거렸다. 방문할 때마다 아저씨께 웃으며 인사도 건네고, 날씨가 궂은 날에는 비가 온다며 칭얼거려 보기도 하고, 무턱대고 가장 맛있는 과일을 골라 달라며 귀찮게 굴기도 했다. 내 마음이 통했는지, 얼굴에 심술이 가득했던 아저씨는 나를 보면 먼저 인사를 건네주시기도 하고, 가끔은 칭얼거리는 내 모습에 껄껄 웃으며 서비스로 과일 몇 개를 더 넣어 주시고는 했다.

수업시간에 한 중국인 남선생님이 아내와의 일화를 얘기하다가 이런 말을 한 적이 있다. 상하이는 여자들의 기가 너무나 세서 남자들이 꿈쩍 못한다고. 물론 선생님이 유머스럽게 던진 농담이겠지만, 그들의 숨겨진 따뜻한 모습을 보며 어느 정도 공감하는 바이다.

Shanghai
#Onthetable

상대방이 어떤 모습을 하고 있든 내가 상대에게 얼마나 마음을 열었는지 표현하고 전달한다면, 그들 또한 움직일 것이다. 혹은 지겨운 일상에, 힘든 하루에 지쳐 가면 속에 감춰놓은 그들의 진실된 따뜻한 모습을 보여줄지도 모른다. 겉으로는 세상 무뚝뚝하지만, 알고 보면 따뜻한 상하이 아저씨들처럼 말이다.

Chapter 26

해 지는 하굣길

Shanghai
#Onthetable

아침잠이 없는 나는 대학생활 내내 오전 일찍 수업을 몰아넣고 오후
에는 여유롭게 쉬는 것을 좋아했다. 오후 3~4시면 수업을 모두 마쳤기
에 도서관에서 따로 시간을 보내는 날을 제외하고는 늘 나의 하굣길은
태양과 함께였다. 눈을 뜨고, 부리나케 세수를 하고, 강의실로 뛰어가
수업을 듣다 보면 점심시간이 찾아왔고 그렇게 남들보다 조금 이른 시
간에 이리저리 뛰어다닌 덕에 오후 3~4시쯤엔 자유를 얻을 수 있었다.
모든 수업을 마치고 한적한 카페로 이동해 즐기는 나만의 시간이란. 물
론 아침부터 거북이 등껍질처럼 내 등에 철썩 같이 매달려 있던 책가방
안에는 과제들로 가득했지만 말이다. 강의실에서 벗어나 카페에 앉아
혼자만의 페이스로, 나만의 순서에 따라 과제를 해치우는 것도 그리 나
쁘지만은 않았다.

　상하이에서의 일과도 크게 다를 것이 없었다. 일주일 중 단 하루만
빼고. 바로 화요일.

　핸드폰 알람 소리에 졸린 눈을 비비며 아침을 맞이하고, 기숙사 북문
쪽 정류장에서 시내버스를 타고 수업이 있던 강의실에서 가장 가까운

동문 쪽에서 내려 자전거 부대와 함께하는 등굣길. 그러나, 화요일 등굣길의 내 어깨는 유독 무거웠다. 아침 여덟 시 수업을 시작으로 오후 여덟 시가 돼서야 학교를 나올 수 있었기 때문이다.

교환학생을 위한 수업은 시간의 선택이 많지 않았고, 조기졸업을 위해 남아 있는 모든 크레딧을 채워야 하는 특이사항 또한 무시할 수 없는 요인이었다. 긴 화요일의 마지막 교시를 장식하는 지루한 중국문학 수업을 끝마치고 강의실을 빠져 나와 집으로 향하는 길은 그리고 그때의 기분은 아직도 내 머릿속에 생생하다. 겨울에는 칠흑 같은 어둠을 뚫고 걸었고, 날이 점점 풀릴수록 해가 떠 있는 시간은 점점 길어져 해가 저무는 노을진 하늘이 하굣길을 배웅해주기도 했다. 강의실에서 기숙사방까지의 거리는 나의 걸음으로 20분 정도의 거리였기 때문에 지루함을 달래주기 위한 음악은 필수였는데, 이어폰에서 가장 먼저 흘러나오는 목소리는 볼빨간 사춘기의 것이었다. 타지에서 홀로 생활을 하며 사춘기 소녀 감성에 푹 빠졌던 것일까. 20여 분의 하굣길은 볼빨간 사춘기에 빙의한 나의 작은 콘서트 무대이기도 했다. 플레이리스트에 있는 곡들을 신나게 흥얼거리고, 따라부르며 길을 걷다 보면 어느새 눈앞에는 기숙사 입구가 보였다. 홀로 울컥해서 땅만 보며 걸은 적도 여러 번(이 정도면 소녀 감성이 아니라 중2병 중증이 아닌가 싶기도). 그래서인지, 아직까지도 볼빨간 사춘기의 노래를 들을 때면, 상하이에서의 해 저무는 하굣길이 생각난다.

Chapter 27

엽서의 기적, 혹은 여행의 기적

Shanghai
#Onthetable

대학교 2학년, 당시 사귀었던 남자친구가 군대에 입대하며 흔히 말하는 '고무신' 경험을 한 적이 있는데 아마 이때 살면서 가장 많은 손편지를 쓰지 않았나 싶다. 그때 이후로 손편지는 오랫동안 쓴 적이 없는데, 상하이의 어느 한 서점에 들어가 나는 아무 이유 없이 엽서들이 모여 있는 코너에 한참을 서 있었다. 여러 엽서들 중 가장 마음에 드는 그림으로 대여섯 장을 고른 나는 무엇인가에 홀린 사람처럼 계산을 하고 서점 안에 있는 카페에 앉아 책가방 속 펜을 꺼내 들었다.

　피츠버그에서 갑자기 사라진 나를 그리워하며 입을 삐죽거리고 있을 나의 김무정에게, 고등학교 때부터 나의 친구이자 가족 같았던 뉴욕에 있는 나의 전 선생에게, 그리고 군대에서 이제 짬도 차고 자리도 잡아 늘 그렇듯이 깐족거리며 동기들을 괴롭히고 있을 친한 동생에게 편지를 써내려 갔다. 카톡 혹은 페이스북 메신저로 일상적인 대화를 일삼던 이들에게 손편지를 쓰자니 새삼스레 느껴지기도 했지만, 중국 우표가 붙여져 온 엽서에 신기함과 예상치 못한 즐거움을 느낄 이들의 얼굴을 그려보니 사길 참 잘했다는 생각밖에 들지 않더라.

Shanghai
#Onthetable

타지에서 홀로 있는 외로움 때문이었는지, 아니면 그냥 엽서의 그림이 예뻐 사고 싶었던 건지 이유는 정확히 모르지만, 나는 이것이 여행이 주는 또 다른 선물이라고 믿고 싶다. 평소 입지 않았던 옷을 꺼내 캐리어에 챙겨가고, 평소 먹지 않았던 음식을 먹으며 새로움을 느끼고, 평소 하지 않았던 행동을 하며 새삼스럽기도, 즐겁기도 한 극과 극의 감정들을 자유롭게 넘나드는. 익숙함에서 벗어나 남들의 시선을 의식하지 않고, 반복되는 일상을 잠시나마 잊을 수 있는 여행의 특권이 아닐까 싶다.

중국 우표가 붙은 나의 엽서들은 약 한 달이라는 시간이 걸려 미국의 각기 다른 주와 한국으로 날아갔는데, 엽서를 받은 이들의 반응은 하나같이 똑같았다. 그들은 중국에서 온 정성스런 손편지를 일종의 신종 스팸메일로 생각했다가, 자그맣게 써져 있는 나의 이름을 보고 경계 태세를 풀고 쓰레기통으로 향하던 발걸음을 멈췄던 것. 뭐, 어찌되었든 서프라이즈 성공이니, 나는 만족한다.

상하이가 아니었다면, 내가 만약 가족들 품 안에서 늘 보는 친구들과 함께였다면, 이런 생각을 할 수 있었을까. 그들에 대한 고마운 마음은 늘 가지고 있지만, 아마 직접 이렇게 표현할 기회는 찾지 못했을 것이다. 앞으로는 이때를 추억하며 종종 손편지를 쓰는 노력을 해봐야지.

Chapter 28

동화 속 나라로의
반나절 여행

어렸을 적(여기서의 어렸을 적은 침대에 누워 엄마의 이야기와 함께 잠들던 시절을 말한다), 월트디즈니사의 미키마우스와 미니마우스를 너무 좋아한 나머지 매일 밤 자기 전 엄마에게 미키, 미니 이야기를 해달라고 보채곤 했다. 하나뿐인 딸의 성화에 못 이겨 엄마는 매일 밤 엄마는 쥐의 탈을 쓰고 사람처럼 걸어다니는 3등신 애니메이션 캐릭터들에 빙의되어 5~6세 아이가 흥미로워 할 만한 이야기를 지어내는 곤욕을 치르곤 했다. 엄마는 마치 이들이 실제로 존재하는 것마냥 매일 다른 미키와 미니 이야기로 이 세상 그 어느 드라마보다 재미있는 일인극을 선사해주곤 했는데, 지금 생각해보면 나의 순발력은 모두 엄마를 닮은 것이 틀림없다.

아무튼 나의 디즈니 사랑은 초등학교를 입학하고, 더 이상 엄마의 'bed-time story' 없이도 잠에 들 수 있게 되면서 저 멀리 떠나보냈다.

그런데 20여 년이 지난 어느 날, 침대에 누워 엄마의 미키, 미니 이야기를 기다리던 어린아이로 돌아간 내 모습을 발견할 수 있었다. 바로, 상하이 디즈니랜드에서.

상하이에서 생활하면서 가장 많이 이용했던 지하철 11호선의 종착역

인 상하이 **디즈니랜드**는 2016년에 오픈하여 아시아 최대규모라는 수식어를 얻었다. 디즈니의 광팬도, 놀이공원을 좋아하는 편도 아니었던 나는 이곳에 대해 늘 호기심을 품고 있었으나, 꽤나 먼 거리 때문에 쉽사리 가지는 못하였다. 아마, 상하이에서 남자친구가 있었더라면 조금 더 일찍 가보지 않았을까? 이보다 더 완벽한 데이트 장소는 없을 테니까.

그러던 어느 날, 무료한 일상에 지친 친구와 나는 무작정 금요일 수업을 제끼고 디즈니랜드행을 택했다. 동화 속 나라로의 여행을 꿈꾸며. 고속도로를 한참을 달리다 보니 저 멀리 디즈니랜드의 상징 '마법의 성'이 보이기 시작했다. 바로 상하이의 이 마법의 성이 전 세계에서 가장 높고, 큰 규모를 자랑한다고.

입구를 지나자마자 들어선 곳은 예쁜 색감의 크고 작은 상점들이 줄지어 있는 '미키 애비뉴'였는데, 어릴 적 엄마가 해준 이야기 속 미키와 미니가 사는 마을이 있다면 딱 이렇게 생기지 않았을까 생각했다. '미키 애비뉴' 골목골목에는 디즈니 캐릭터들이 다양한 포즈를 취하며 관광객들과 사진을 찍어주고 있었고, 이에 질세라 나는 투박한 카키색 패딩 차림으로 노란색 드레스를 곱게 차려 입은 디즈니 공주 벨과 함께 카메라 앞에 서서 수줍게 미소 지어보았다.

'미키 애비뉴'를 가로질러 걷다 보면, 강 건너에 '마법의 성'이 위치한 '상상의 정원'이 보인다. 이곳이 바로 디즈니랜드에 왔다면 놓치지 말아야 할 인스타그램 감성샷 장소. 강을 건너는 다리 앞으로 색색 가지의 미키마우스 머리 모양이 들어간 헬륨가스 풍선을 한가득 싣고 있

는 핑크색 리어카를 발견할 수 있는데, '마법의 성'을 배경으로 하늘에 떠있는 이 풍선들을 사진 한 장에 담는다면 예전 싸이월드 감성 글에나 사용될 만한 멋진 사진이 탄생한다.

상하이 디즈니랜드에는 각기 다른 총 7개의 테마 구역이 존재한다. 앞서 언급한 '미키 애비뉴'와 '상상의 정원'을 시작으로, '투모로우랜드,' '판타지랜드,' '트레저코브,' '어드벤쳐 아일'이 있다. 이곳을 이용하는 한 가지 꿀팁은 바로 도착하기 전 디즈니랜드 앱을 설치하는 것인데, 디즈니랜드 공식 어플을 설치하면 어트랙션 별 대기시간 현황을 실시간으로 확인할 수 있다. 상하이 디즈니랜드는 무려 축구장 56개에 달하는 크기이기 때문에, 앱을 이용해서 스마트하게 동선을 짜는 것을 추천한다.

이 넓디넓은 테마파크에는 수많은 놀이기구가 있지만, 내가 타본 것들 중 가장 재미있었던 것은 '투모로우랜드' 내에 있는 '트론.' 이름 그대로 영화 '트론'을 바탕으로 만든 롤러코스터인데 오토바이처럼 착석해서 타는 것이 특징이다. 사실 롤러코스터를 굉장히 무서워하는지라 큰마음을 먹고 줄을 섰으나 생각한 만큼 빠르지는 않았다. 온몸에 전율이 돌고, 목이 뒤로 젖혀질 정도로 빠른 롤러코스터를 찾는다면 시간 낭비하지 말고 다른 기구를 찾는 것을 추천. 세상 질색팔색하며 겁내지만, 은근히 무서운 것을 즐기는 변태적인 성격을 가져, 조금은 실망스럽기도 하여도 '트론'이 가장 좋은 이유는 바로 오토바이 모양의 좌석 때문. 하늘에는 자동차가 날아다니고, 누구나 인공지능 로봇 친구 하나쯤

은 있는 그런 세상에서 만들어진 듯한 이 오토바이를 타고 신비로운 파란 광을 내뿜으며 하늘 위를 달리는 느낌은 속도와 상관없이 나를 짜릿하게 만들었다. 같이 간 친구 또한 이 라이드가 마음에 들었는지 무려 세 번이나 연속으로 탔다는 건 비밀이다.

마음만큼은 다섯 살배기 어린아이의 동심으로 돌아갔지만, 가슴 아픈 현실을 일깨워주는 듯 해가 저물자 체력적인 한계가 찾아왔다. 동화 속 나라를 뒤로하고 돌아오는 길에 쏜살같이 흘러가버린 세월(?)을

Shanghai
#Onthetable

위로한다는 핑계 아닌 핑계로 우리는 늦은 시간 핫팟을 먹으러 향했고, 핫팟을 먹기 전 의식처럼 한 모금 쭉 들이킨 생맥주에 어른이 된다는 것, 어른으로 살아가는 것 또한 나쁘지만은 않다고 느낀 밤이었다.

돌아보니 행복이었고, 행운이었다

사실 상하이에서의 한 학기는 중국어를 효과적으로 배우기 위함도 아니었고, 이 도시가 미친 듯이 좋아서도 아니었다. 그저 한국과 비교적 가깝다는 이유 하나로, 마음만 먹으면 주말에 집에서 잠을 잘 수도 있고, 엄마와 쇼핑을 가기도 하고, 여느 방학 때와 같이 한국에 남아 있는 친구들과 함께 맛있는 것을 먹고 마실 수 있다는 이유 하나로 상하이에서의 6개월을 결심했다.

첫 몇 주 동안은 허지웅이 그의 에세이에서 말했던 "버티는 삶"이었다. 아는 사람 하나 없는 도시에서 외로움을 느끼지 않으려 버둥거렸고, 익숙하던 컴포트존에서 벗어나 모든 것이 새로운 곳에서 적응하기 바빴으며, 꽤나 오래 공부했지만 겨우 읽고, 쓰고, 말할 수나 있었던 중국어와 스스럼없이 친해지기 위해 노력했다. '이번 주만 버티면, 다음 주쯤엔 한국에 갈 수 있겠다'라는 생각으로 하루를 보내기를 수십 번.

하지만 시간이 가진 힘은 무섭도록 강했고, 새로운 환경에서의 적응을 넘어 나는 이 도시를 나날이 애정하게 되었다. 적응을 마치고 숨을 돌리며 바라본 상하이는 그 어느 도시보다도 재미있는 곳들로 가득했고, 바쁘지만 따뜻했다. 가보고 싶은 카페며 레스토랑 리스트는 날이 갈수록 길어졌고, 길을 걷다 마주한 골목과 힙한 커피샵, 아기자기한 상점들은 이곳에 오길 잘했다는 생각을 하게 만들었다. 잘 정리된 나만의 리스트를 보며 오늘은 여기, 내일은 저기를 탐방할 생각에 설렜고, 잘 알려지지 않은, 어쩌면 중국에 대한 지극히 단면적인 인식에 가려져 누명에 쓰인 이 도시의 구석구석을 내 기억 속에 담아가고 싶었다. 그렇게 상하이에서의 생활은 풍요로워졌고, 단 한 번도 생각해본 적 없었던 다른 도시에서의 생활마저도 궁금하게 만들었다.

　막연히 나의 추억을 기록하겠다는 생각으로 글을 쓰기 시작하여 이제 그 추억 여행의 끝에 서있다. 때로는 8년이라는 시간을 보낸 미국 그리고 가족과 따뜻한 집이 있는 한국의 익숙함이 그립기도 하고, 때로는 홀로 돌아다니며 생활하는 것이 따분하기도 했다. 그러나 상하이에서의 6개월이 지나고도 2년이 지난 지금, 누군가 상하이란 도시에 대해 묻는다면, 닳도록 애정하고 아끼는 이 도시로의 여행을 적극 추천할 것이다.

　물론 7개의 수업을 들으며 학교생활과 상하이를 몸소 느끼는 여행을 병행하는 것은 결코 쉽지 않았다. 하지만, 앞으로의 인생에서 이렇게 어떤 나라에 머물며 오랜 기간 동안 생활할 수 있는 기회가 얼마나 될까 생각했다. 행운이게도 나의 두 다리는 턱 막힌 지하에 갇혀 러닝머신 위를 달리는 것은 싫어하지만, 이 골목 저 골목 구경하며 오르막길 내리막길 상관없이 걷는 것을 좋아했다. 과제를 할 때에는 숨 소리 하나 안 들리는 도서관보다는 마음에 드는 카페의 한구석에서 사람들의 대화 소리를 배경음 삼아 할 때 더욱 집중이 잘 됐다. 어쩌면 앞으로 이토록 오랫동안 머물 일이 없을지도 모르는 이 도시에서 나는, 내게 주어진 시간을 최대치로 활용했다고 자신 있게 말할 수 있다. 상하이에서의 생활을 다시 돌아봤을 때, '아 그때 여기 가볼 걸, 이런 거 해볼 걸…' 하는 아쉬움없이 최선을 다해 현재에 충실했다. 그리하여, 이곳에서의 6개월은 나에게 가치를 따질 수 없는 소중한 추억이자 보물이 되었다.

지금 있는 곳이 어디든, 매일 같은 일상 속에서 그저 그런 하루를 보내고 있다면, 모험을 떠나길 바란다. 모험은 해외 또는 특별한 곳으로의 여행이 아니라, 주변에 내가 가보지 않은 식당, 카페, 거리, 그 모든 곳이 될 수 있다.

상하이는 정말 질리도록 돌아다녔기에 한동안 찾을 일이 없을 것이라 생각했지만, 나는 다시 상하이 여행을 계획하고 있다. 손가락으로 핸드폰 액정 스크롤을 두세 번 길게 넘겨야만 끝나던 리스트에 수도 없는 체크 표시를 남겼지만 아직도 가보지 못한 가보고 싶은 곳들이 가득하다. 나에게 너무나도 많은 추억과 즐거움을 안겨준 상하이. 닳도록 사랑하는 도시이자, 사랑하지 않을 이유가 없는 도시. 푸르른 나무들 사이 따가운 햇살이 내리쬐는 한여름 8월에 시작하여 가을이 지나고, 시리도록 추웠던 1월까지 나의 보금자리가 되어준 그곳. 홀로 외로움에 울기도 하고, 넘쳐나는 시험 범위에 스트레스를 받기도 하고, 즐거움에 세상 유쾌하고 호탕한 웃음을 짓기도 하며, 과일가게 아주머니에게서 따뜻함을 느끼고, 택시아저씨에게선 정겨움을 느꼈던. 낯선 환경에서 적응하며 나만의 시간 속에서 조금 더 성숙한 내가 될 수 있도록 도와준 사랑하는 나의 도시.

안녕, 나의 상하이, 다음에 또 만나.

Shanghai
#Onthetable